U0926784

植根中国企业、服务中国企业
与中国企业家共成长

华夏智库
金牌培训师书系

大师智慧·原创经管

1 完美、苛刻型

2 热忱、易怒型

3 专注、追求型

4 浪漫、情绪型

5 探究、木讷型

6 质疑、忠诚型

7 活跃、善变型

8 控制、强权型

9 和谐、迟缓型

九种个性与高效沟通

贾悦 著

中国财富出版社

图书在版编目（CIP）数据

九种个性与高效沟通／贾悦著．—北京：中国财富出版社，2013.3
（华夏智库·金牌培训师书系）
ISBN 978－7－5047－4599－6

Ⅰ.①九…　Ⅱ.①贾…　Ⅲ.①人际关系学—通俗读物　Ⅳ.①C912.1－49

中国版本图书馆 CIP 数据核字（2013）第 013169 号

策划编辑　范虹轶　　**责任印制**　方朋远
责任编辑　张艳华　卢海坤　　**责任校对**　梁　凡

出版发行	中国财富出版社（原中国物资出版社）		
社　　址	北京市丰台区南四环西路 188 号 5 区 20 楼	**邮政编码**	100070
电　　话	010－52227568（发行部）		010－52227588 转 307（总编室）
	010－68589540（读者服务部）		010－52227588 转 305（质检部）
网　　址	http://www.clph.cn		
经　　销	新华书店		
印　　刷	北京京都六环印刷厂		
书　　号	ISBN 978－7－5047－4599－6/C·0150		
开　　本	710mm×1000mm　1/16	**版　　次**	2013 年 3 月第 1 版
印　　张	14	**印　　次**	2013 年 3 月第 1 次印刷
字　　数	237 千字	**定　　价**	32.00 元

《华夏智库·金牌培训师书系》编委会

前言

作为上司的你，很关爱下属，可是为什么他们却不领情？作为企业老总的你，事业高度怎样更上一层楼？作为主管的你，怎么才能让你的同事和下属更努力地工作？

为什么优秀员工的流动率总是很大，他们渴望和追求的到底是什么？怎么才能留住他们？不同的工作交给谁做最省心？客户有哪些特点？他们最关注的是什么？怎么做才能得到他们的信任，继而与之成为朋友呢？如果需要为客户送点礼物的话，怎样既不超出预算又送到他们心坎上呢？

到底怎样做才能让家庭气氛更和谐？为什么孩子总是有抵触情绪？为什么总是觉得爱人不理解自己，而自己也不懂爱人为什么总是那样？

生活、学习和工作中的无数疑惑都源于人际沟通的不畅，解决了人际沟通的问题，关系也会变得协调。

在人际交往中，著名的钻石法则强调——“用适合别人个性和需求的方式应对他人”。

借助九种个性，我们可以游刃有余地采用三种沟通策略，具体包括：

策略一：换位思考

以1号（1号~9号分别代表9种不同的个性类型）与2号沟通为例，1号要与2号沟通，首先选择换位思考的方式，也就是站在2号的角度去思考问题，如图1所示。

策略二：交会点

假如我们没有办法站在2号的角度去思考问题，九种个性交会点工具提示：我们还可以站在1号、4号的角度去沟通，如图2所示。

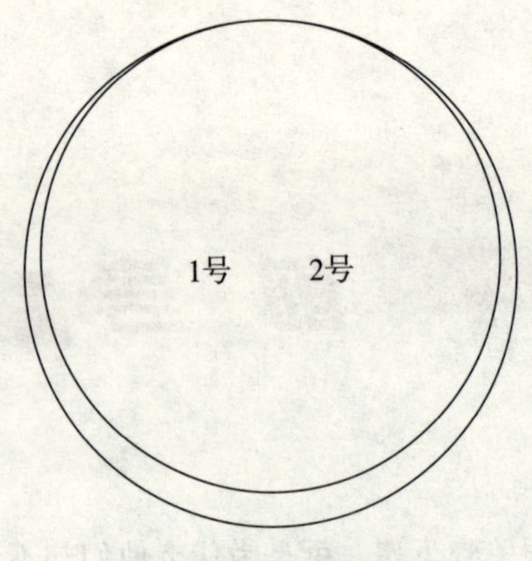

图1　1号与2号换位思考

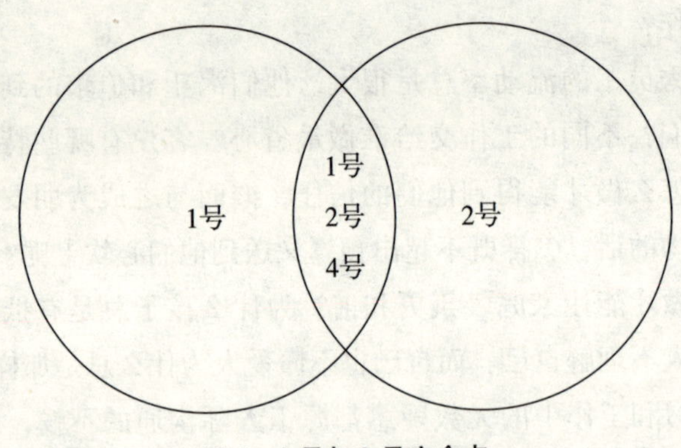

图2　1号与2号交会点

策略三：在理性的基础上，根据环境的需求表现出应有的个性特征

以1号为例，在跟爱人在一起的环境中表现出4号浪漫的特征，在工作的环境中表现出3号目标专注的特征，在跟孩子的环境中表现出2号助人的特征，等等。也就是说，我们是个演员，环境需要我们演什么，我们就演什么。

总之，不论采用哪种沟通策略，我们都是站在了解自己以及他人个性类型的基础上。本书提出了准确判断个性类型的4步判断法，以及各个性类型之间的交会点。

作　者

2012年11月

目录

上篇 人皆如此——走近九种个性

下篇　对症下药，药到病除——九种个性的具体应用

上篇　人皆如此——走近九种个性

九种个性学（Enneagram）近年来备受美国斯坦福等国际著名大学MBA学员推崇并成为最热门的课程之一，风行欧美学术界及工商界。

第1章

换个角度认识人——九种个性

什么是“九种个性”

1. 九种个性的历史

九种个性学是一门有着两千多年历史的古老学问，它按照人们惯性的思维模式，情绪反应和行为习惯等个性特质，将人分为九种，称为九种个性。九种个性与当今各种个性分类法的最大区别在于，它揭示了人们内在最深层的价值观和注意力焦点，而不受表面的外在行为的变化所影响。知晓个性的优势与局限，做到扬长避短，增强对他人的洞察力，做到人尽其才，知人善任，提升管理效能，建立优胜团队。未来的竞争是人才的竞争，如何辨识人才并有效的运用人才是企业制胜的关键。

九种个性是一个深入了解自己和他人的工具，也是一个易学易懂的企业管理工具。全球500强企业的管理阶层均有在研习九种个性，并以此提升自我，培训员工，改善沟通，建立高效团队，提高执行力。

当我们找准自己的个性型号，就找准了正确的成长进入的起步点，从这点开始，会知晓如何突破自己的个性局限，如何发挥自己的个性优势，超过事业高原，向更高事业顶峰发展。

2. 九种个性的结构

直至现在，虽然没有人能确定九种个性的图形是由谁人设计的，但可以肯定的是，它不是任意设计的，它的结构是由一个圆形［图1－1（a）］，内部再加九条线把圆形周界等分成九个点。而圆形上的九个点分别代表着九种个性，在最上面正中央为9，其他以顺时针方向依次为1～8。内部由九条线组成，可分为两部分：一部分是一个正三角形［图1－1（b）］，代表三个中心（Centre）或组别的中心力量，即3、6、9号，这就是三的法则；另一部分是一个不规则的六芒星形［图1－1（c）］，代表两个中心力量的发展或转变，即1、2、4、5、7、8号。而将这三个图形放在一起，就成了九种个性的基本图形［图1－1（d）］。其具体图形如图1－1所示。

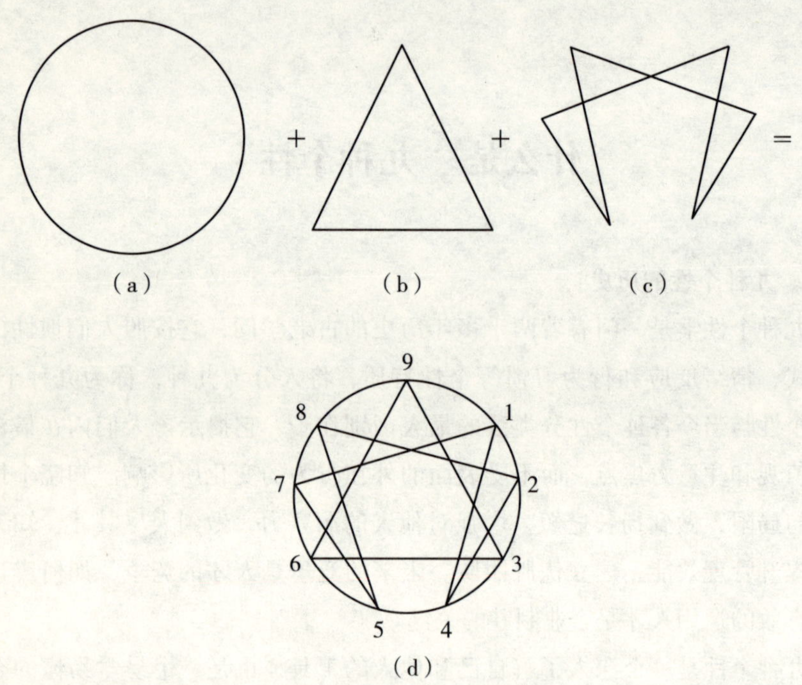

图1－1　九种个性结构图

此外，九种个性也可分为三组枢纽（Triad），每组枢纽由三个拥有共同优缺点的个性类型组成：2号、3号和4号属于以心为中心型枢纽（Heart－Center），5号、6号和7号属于以脑为中心型枢纽（Head－Center），而8号、9号和1号属于以腹为中心型枢纽或以本能为中心型枢纽（Gut－Center或Belly－Center）。

以心为中心型枢纽的人容易活在当下，平常不是对人认同就是对人存有敌意，他们最重感受，关注情绪感觉，他们生命中最重要的是情感，但是在情感方面容易出现问题。

以脑为中心型枢纽的人常以思想来响应生活倾向，认知对他们来说是十分重要的；相反，人际关系、吃喝等对他们来说是不理会的，他们有鲜明的想象力及分析和联结观念的能力，他们容易活在过去，平常不是感到安全就是感到焦虑，生命最重要的是是否达到既定的目标，而他们在行动力方面容易出现问题。

以腹为中心型枢纽的人，他们容易活在未来，平常不是压抑就是攻击，在环境的互动关系方面容易出现问题。他们关注生命有何意义，而行动要对生命有建设性，生活才有意义，具体如表 1－1 所示。

表 1－1　九种个性三个中心

枢　纽	个性类型	特　点
心中心	2 号、3 号、4 号	(1) 情感方面容易出现问题 (2) 平常不是对人认同就是对人存有敌意
脑中心	5 号、6 号、7 号	(1) 行动方面容易出现问题 (2) 平常不是感到安全就是感到焦虑
腹中心	8 号、9 号、1 号	(1) 在环境的互动关系方面容易出现问题 (2) 平常不是压抑就是攻击

另外，每组枢纽中的某一个性类型通常会过度发展（过度表现）该组枢纽的特性，而剩下的两种个性类型中，一个则无法充分表现或发展其特性，另一个则完全没有作用。

比如，在以心为中心的部分里，2 号个性是过度表达他对别人的感情，3 号个性最不善于表达感情，而 4 号个性则不能充分表达感情。

在以脑为中心的部分里，5 号个性以思考取代行动，因此他们的行动能力未得以发展，而 6 号个性无法在无人引导的状况下独立行动，对于 7 号个性，他们总是过度发展行动的能力，专心投入行动的冲劲中，直到自己超过限度，变得逃避现实。

在以腹为中心的部分里，8 号个性过度发展与环境的关联能力，因为他们自认比其他人重要，而 9 号个性则无法关联环境，因为他们透过理想的眼光看待现实与生活，至于 1 号个性，他们低调发展关联环境的能力，自认为能达到所欲所求的理想状态。如表 1－2 所示：

表1－2　　各组枢纽的特色

特色	感情	行动	关系
过度表现或发展	2号	7号	8号
没有充分表现或发展	4号	6号	1号
完全没有表现或发展	3号	5号	9号

九种个性的基础知识

1. 九种个性的翼型

我们把九种个性中的3号、6号、9号所代表的个性称为核心个性，而位于这三个核心个性两侧的号码，称为核心个性的两翼，两翼所代表的个性是核心个性的变异类型。也就是说，两翼的个性是从核心个性发展而来的，因此他们具有潜在的共同点。比如，3号个性的两翼，即2号个性和4号个性，这两种类型同样具有很强的想象力，而且他们对生活的态度都是基于自己的感觉。6号个性的两翼（5号与7号），在本质上都是多疑，而且经常出现畏惧心理。9号个性的两翼（8号与1号），都有一种陷入忘我状态的倾向，常常会忘记个人需要是什么，此外他们还有一个共同点就是容易发脾气。

3号、6号、9号的两翼所代表的个性类型实际上是核心个性类型外化和内化的两种结果，所以两翼个性中也潜藏了核心个性的特质。在心理治疗中，两翼个性中所潜藏的核心倾向，会在治愈的过程中慢慢显现。这意味着，7号个性（6号害怕型的外化个性），最初的表现可能是大大咧咧、无所畏惧，但是随着心理防线的慢慢弱化，这种人可能会突然变得神经兮兮，并出现偏执幻想狂（6号个性的核心表现）的症状。

需要注意的是，在九种个性中，只有3号、6号、9号个性的两翼才是核心个性的外化或内化表现，其他个性的两翼不存在这样的关系。比如8号个性的两翼：7号和9号，就不是8号个性的外化或内化表现。

尽管如此，任何号码的两翼都非常重要，因为他们同样会对核心个性产生影响。比如在九种个性图的上端，8号、9号和1号构成一个容易生气的个性类型组，其中的核心个性是9号个性。这种个性的人虽然生气了，也不会直接发脾气，而往往选择间接、被动的方式表达出来。他们有可能向旁边的 8 号倾斜，选择被动的方式，做出一个生硬而坚决的表态：“别催我！”或者向另一边的 1 号倾斜，在鸡蛋里挑骨头，通过间接挑剔来宣泄愤怒。

同理，如果某人的个性类型并非核心个性类型，他们也可能受到两翼个性的影响。比如 4 号个性，此类人喜欢用喜剧性的方式来表达感觉，他们可能向 5 号倾斜，把郁闷憋在心里，也可能向 3 号发展，用积极亢奋的表现把抑郁埋在心底。

两翼的影响让各种个性更具有特色，即便是同一个性类型的两个人，也不会是完全一样。在九种个性的学习中，我们要求区分同一个性类型所有的不同特质，并且指明这种特质是什么。比如，一个偏向 5 号个性的 4 号，会比一般的 4 号个性更孤僻；而偏向 3 号的 4 号，会是一个更加生动的 4 号，这种人生活态度更积极，但依然保持 4 号个性中基本的忧伤和失落感。每一种个性类型都会受到两翼个性的影响，尽管两翼中只有一种个性可以成为主要影响者，但也不能忽视另外一种个性可能产生的潜在影响。

经过认真研究认为，翼型是九种个性的一个重要概念。每个人都有所属的核心个性类型，但几乎没有人拥有纯正的类型。每个人均是两种个性的混合体，侧翼通常是与你的核心个性类型相邻的两种类型之一。例如，2 号通常有 1 号或 3 号翼型，2 号具有顺时针方向的翼型即 3 号翼型，会表现出 3 号的优点，即 2 号个性特点与 3 号个性优点的混合体。2 号具有逆时针方向上的翼型即 1 号翼型，会表现出 1 号个性缺点，即 2 号个性特点与 1 号个性缺点的混合体。其他类型以此类推，但很少两者皆备。5 号通常有 4 号或 6 号翼型，但一般来说也不会两者都有，其他类型也同样如此。

所有的个性型号向 +1 方向发展，就会变得外向；向 -1 方向发展，就会变得内向。

以 4 号为例，4 号看上去虽然 3 号比 5 号外向很多，但是 4 号有了 5 号这个侧翼的时候就会让自己更自信、更有能量，会拥有一个智慧的头脑，使自己更特别；当 4 号向 3 号发展时，可能表面上看更加事业有成，但此时 4 号内心会挣扎：我是不是那么的特别呢？我的价值究竟在哪？我想要的到底是什么？从而使 4 号失去活力。

每一种个性都包含着三部分：本身个性型号和 -1、+1，就像一个天使的两个翅膀，只要展翅就必定出现三种型号的个性，理论上说这是一个循环，这三个型号都是核心个性的一部分。但核心个性往往会拒绝一些两翼的特征，这是一种天性的拒绝，需要引起九种个性学习者足够的重视。因为，天使的两翼需要足够强壮，才能飞得更高、更远。

2. 九种个性的提升与瓦解

(1) 疏离与整合

个性的数字是依照特殊顺序连接的。标有数字的各个点之间的连接方式有着重要的心理学意义，每个类型之间连接的箭头方向标志每一个个性类型的整合方向，即向健康状态、自我实现方向发展和疏离方向，即向不健康状态、神经质方向发展。换而言之，当你变得越来越健康或不健康时，你就可能（正如九种个性图中）沿着不同的“方向”偏离你的基本类型。

在九种个性图中，每一类型的疏离方向，是依照1→4→2→8→5→7→1的顺序进行的。这意味着，处于一般状态和不健康状态的类型，在压力和焦虑日益增强的情况下，会在疏离方向上呈现或“表现出”其在一般状态下和不健康状态下的某些行为。因而，处于一般状态下和不健康状态下的 1 号会表现出一般状态下和不健康状态下 4 号的某些行为；处在一般状态和不健康状态下的 4 号会表现出一般状态和不健康状态下 2 号的某些行为；处在一般状态和不健康状态下的 2 号会表现出一般状态或不健康状态下 8 号的某些行为；处在一般状态或不健康状态下的 8 号会表现出一般状态下或不健康状态下 5 号的某些行为；处在一般状态或不健康状态下的 5 号会表现出一般状态或不健康状态下 7 号的某些行为；处在一般状态或不健康状态下的 7 号会表现出一般状态或不健康状态下 1 号的某些行为。

同理，在等边三角形上，数字连接的顺序是9→6→3→9；处在压力和焦虑日益增强的情况下，处于一般状态和不健康状态的 9 号会表现出一般状态或不健康状态下 6 号的某些行为；处在一般状态或不健康状态的 6 号会表现出一般状态或不健康状态下 3 号的某些行为；处在一般状态或不健康状态下的 3 号会表现出一般状态或不健康状态下 9 号的某些行为。沿着图 1-2 中箭头方向，你就可以看到上面谈到的运动方式了。

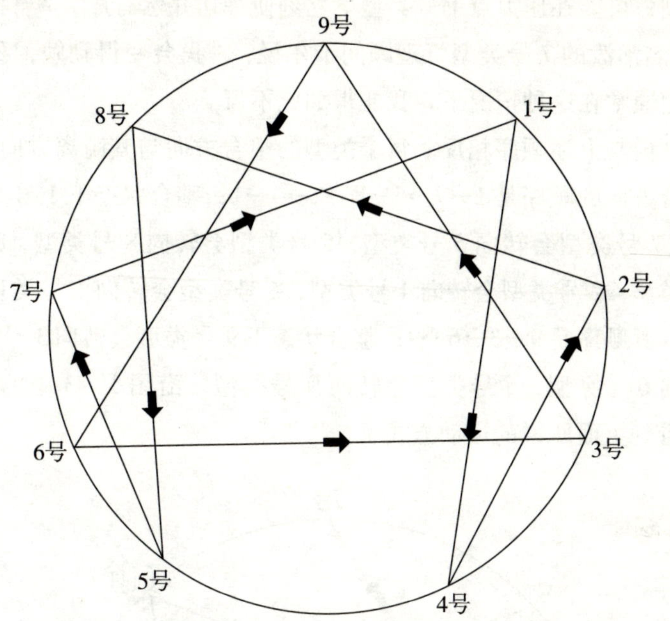

图 1－2　疏离方向：1→4→2→8→5→7→1；9→6→3→9

在九种个性的符号上，每一点与其他两点相连，箭头指向的点是压力点，箭头指出的点是高度表现点（有时也引申为“真心”或“安全”点，因为当我们转向此点时会感到信心十足）。高度表现点与压力点是九种个性重要的中心指标；当你面对压力，消极颓废时，便进入压力点，而高度表现点则代表了放松心情进入流畅状态下的情景。

压力点常在左右为难的困境下出现。当我们招架不住、感到厌烦或孤立时，便开始表现出压力点的特质，此刻世界开始萎缩，我们会比平常更反叛、更容易激动，而且方寸大乱。举例来说，随和的 9 号类型开始有 6 号类型的思考方式，他将开始自我怀疑，变得偏执不堪，觉得别人不再值得信任，开始猜疑别人的动机，甚至连他的同事也会被卷入压力点中变得好猜忌。

身处压力点时，我们会自觉是受害者，被社会、别人、老板，或自己的错失所牺牲。我们会觉得受挫、退缩，并且深深责备自己或他人。

压力点实际上也能帮助我们克服压力。处于压力点时，你可能因此而内心崩溃，也可能因此巩固强化，并集中注意力以忍受困境。例如，6 号类型因恐惧而瘫痪时，可能转向压力点 3 号类型，当机立断取消计划；而点子丰富的7号类型，可能在压力点1号类型下立刻使一切井然有序；“当我走向1号类型，”一名活泼的7号类型管理顾问卡尔说，“我会变得勤勉，我不会说这很有趣，但通常在这种情况下，我非得如此不可。”

整合方向与上述顺序相反。每个类型的整合方向与其疏离方向正好相反，因而，整合方向的顺序是1→7→5→8→2→4→1；整合状态下1号类型会转向7号类型，7号类型会转向5号类型，5号类型会转向8号类型，8号类型会转向2号类型，2号类型会转向4号类型，4号类型会转向1号类型。在等边三角形上，其顺序是9→3→6→9；整合状态下9号类型会转向3号类型，3号类型会转向6号类型，6号类型会转向9号类型。沿图1-3上的箭头方向，你就可以看到上面所说的运动方式了。

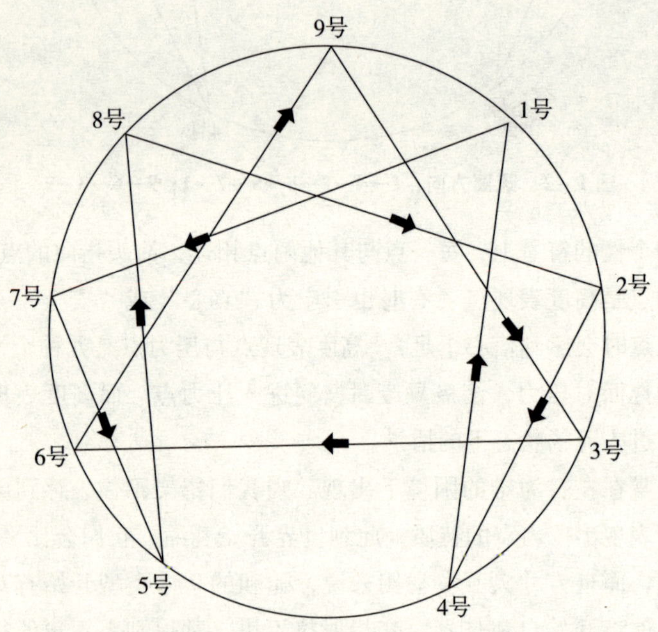

图1-3　整合方向：1→7→5→8→2→4→1；9→3→6→9

九种个性的高度表现点。高度表现点是人们聚集一切优势的地方，在这里，我们能明白自己真正的需要，并清楚如何才能达到目标。它是扩张的流动状态，创造力及灵感在此涌进而泛滥，而我们的才华天赋一并宣泄至别人身上。流动的状态正是让自己的技艺、力量及能力发挥得淋漓尽致。“当我表现7号类型特质时，我喜欢让自己在一群聪明绝顶的人群中思考，”7号类型的顾问卡尔如是说，“但当我想停止而独处时，我转向 5 号类型。”

高度表现点能激发本身真实的潜力；当 9 号类型移向高度表现点 3 号类型时，他将看得更清楚，更能朝目标迈进，一切行动自然而然地产生，而四周的人似乎也跟随着他“以任务为先”，于是事情便轻易完成。

(2) 疏离与整合的意义

重要的是，要明白疏离与整合方向只是发生在每个人身上的心理过程的一种隐喻。实际上并不存在一种九种个性运动，它只是对某一特定个性类型将如何通过疏离或整合改变当前状态的一种象征性说明。

举一个简要的例子就可以说明这种运动的含义。与 3 号相连的那条线指明了 6 号的疏离方向。一般状态下或不健康状态下的 6 号总有一种焦虑、不安全感和自卑感。当 6 号人觉得他们的安全感受到威胁时，焦虑就会透过一些与一般状态下和不健康状态下的 3 号人有关的行为表现出来。根据实际情况和压力程度不同，6 号人会变得被动和好胜，同时又想在他人那里保持好口碑，就像一般状态下的 3 号一样。他们会忽视自己的感情，更多的认同于工作和他们的表演，同时以一种轻快的、“专家式”的口吻与人互动。他们也有可能极力想弥补自卑感，因而变的极其自负和傲慢、自吹自擂，就像 3 号人一样。如果其焦虑达到了难以平复的程度，6 号人会表现出神经质的 3 号人的某些特征，如果其极力想掩盖自己的错误，欺骗他人，疯狂的追逐他们相信可以帮助自己找回安全感和自尊的东西。

反之，6 号通过一条线与 9 号相连，还有一条线与 3 号相连。这就意味着，如果 6 号转向健康状态，开始实现自身的潜能，那就会转为 9 号，即九种个性图所示的整合方向，它表明，在健康状态喜爱的 9 号象征的东西是 6 号所追求的。当九种个性预示着一个健康状态下的 6 号人将转为 9 号人时，我们会发现，这恰恰是我们在 6 号身上所看到的那种心理发展，他就会变得轻松、受人欢迎，向 9 号发展的 6 号人要比以前更多平和、更少焦虑。

九种个性图可以表现出经过疏离或整合的特质，因为这在一个人的基本个性类型的动态中已经有所预示。每一种个性类型的整合方向都是该类型在最健康状态下的特质的一种自认发展，它与另一种类型的联系可以由九种个性图中表示相互关系的线看出来。因此在一定意义上，每一种个性类型都可能会向另一种类型转化，因为整合方向代表着一种类型的进步，同样，疏离方向代表了它会进一步陷入充满冲突的状态。

从根本上说，我们的目标是要让九种个性动起来，整合每一类型象征的东西，直至能灵活运用所有类型的健康潜能。我们的理想就是要成为一个平衡的、充分发挥功能的人，九种个性的每个类型都象征了我们为达到一目标所需要的各种重要因素。因此，最初的个性类型并不重要，重要的是你应该为你的个性类型做些什么，你应当把你的个性类型作为起点，把自己发展成为一个经过整合后更完美的人，还有，在这一点上，你能做的有多出色（或有多糟糕）。

笔者在研究中发现，每一种个性类型都有其疏离与整合方向，1 号整合方向为 7 号会表现出 7 号的优点，1 号疏离方向为 4 号会表现出 4 号的缺点；2 号整合方向为 4 号会表现出 4 号的优点，2 号疏离方向为 8 号会表现出 8 号的缺点。其他类型以此类推。

翼型也遵循上述模式变化。例如，3 号的翼型 2 号，其翼型整合方向为 4 号，在整合状态下会表现出 4 号个性特点的优点；疏离方向为 8 号，在疏离状态下会表现出 8 号个性特点的缺点。

3. 九种个性的自我提升策略

九种个性并不是静态的，它们会随着人们的心理及成长健康与不健康而各有不同的方向走动。

（1）九种个性提升模型

图 1－4 中的九种个性提升模型上的 10～60 分代表的是自己九种个性测评的得分。

例如，某公司员工测评得分：1 号得分 32 分，2 号得分 45 分，3 号得分 25 分，4 号得分 20 分，5 号得分 55 分，6 号得分 30 分，7 号得分 35 分，8 号得分 12 分，9 号得分 50 分。

依据提升策略，该员工的提升方法如下：

第一，确定这个员工的核心个性属于哪一个类型，最高分为核心个性，依据上述得分结果，员工的最高分是 5 号。

第二，依据核心个性，即 5 号，找出 5 号的提升个性与瓦解（见图 1－5）。

给自己设定一个界限，当自己表现出瓦解方向 7 号的缺点的时候，要注

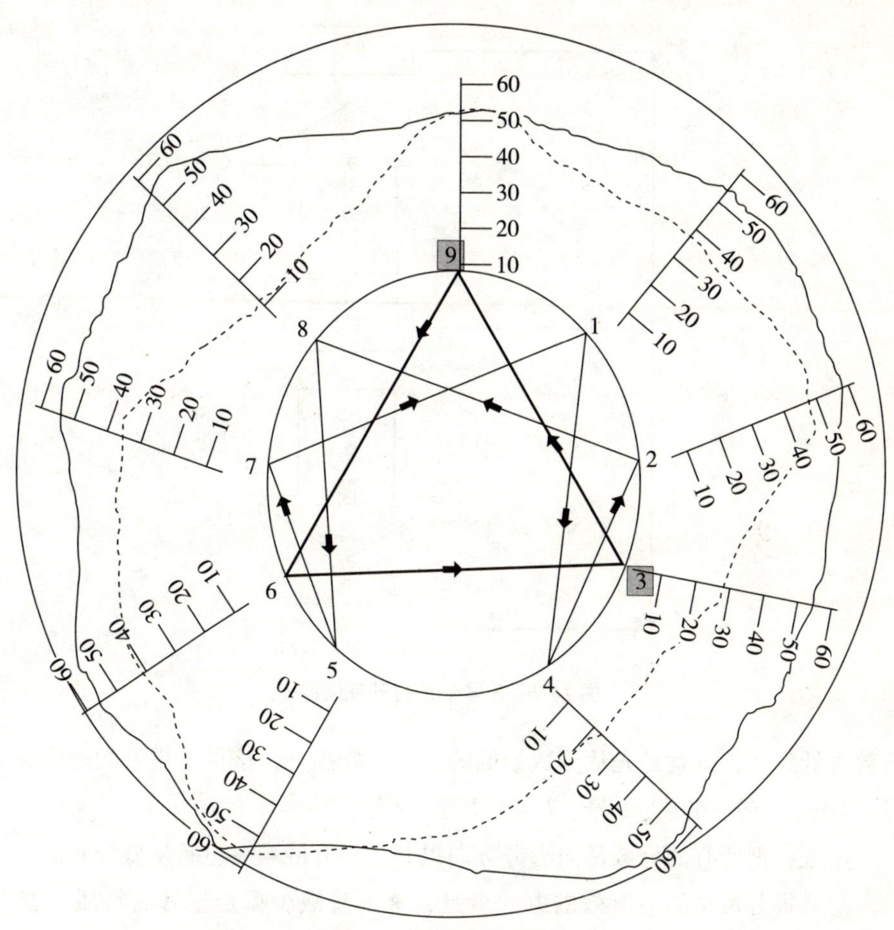

图 1－4　九种个性提升模型

意到，自己的精神状态在走向不健康方向。当自己表现出 8 号的优点的时候，要意识到自己在走向健康的方向。5 号的目的是要向 8 号学习，学习 8 号身上的优点来规避自己本身个性的缺点。

第三，找出测评分数中分数最小的个性。该员工分数最小的个性是 8 号 12 分。也就是说，该员工平时 8 号的特点很少表现，这是其瓶颈之一，如果他的 8 号的特质增加的话，就会得到一个很好的提升。其背后的道理是九种个性之间是互相联系的。

第四，以最高分数为基础，把剩余的个性的分数都提升到最高分。即 5 号的分数是 55 分，也就是把其他的型号分数都提升到 55 分。提升的顺序是

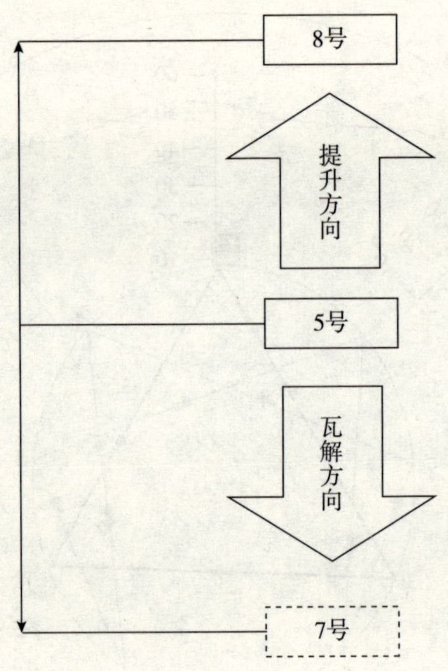

图1－5　5号个性提升瓦解图

分数由低到高，也就是先从分数最低的个性开始提升，该员工提升的顺序是8号、4号、3号、6号、1号、7号、2号、9号。

第五，把所有的分数都向满分方向提升，提升的顺序也是从低分到高分。

总之提升策略的最有效的办法就是，你本身缺少哪个型号的特质，就多跟哪个型号的人在一起。例如，5号员工的8号方向的分数最少，那就经常跟一些拥有8号个性的人在一起。

(2) 九种个性的提升策略

策略一：以整合方向（顺境）个性类型作为自己的突破方向。

策略二：以测评分数最低的个性类型作为自己的突破方向。

策略三：以最高分为基础，把剩余的个性类型分数按由低到高的顺序提升到相同的高度。

终极策略：把所有分数都提升到满分（60分）。

谨记：学习九种个性是为了接纳自己，理解别人，而不是以个性为借口。

第2章

物以类聚，人以群分
——认识九种不同类型的人

探索自己个性类型的第一步，即感性判断。通过各个类型的描述，初步判断自己属于哪一类个性。不同类型个性的具体表述如下。

1号：完美、苛刻型

1. 1号的个性特点

一丝不苟、一本正经、不苟言笑、严肃、严谨、爱批评、不怒自威、理性、不讲情面、整洁、挑剔、做事情前需要充分准备、完美主义、守时、有计划有目标、要求过高；做事情有原则（原则是自己定的）：世界是黑白分明的，没有灰色地带，对是对，错是错，做人一定要公正，有节制，做事一定要有效率。现实、实用主义者、不满现状、压抑愤怒、负责任、有道德优越感、正直、严于律己的同时也严于律人、不喜欢别人说自己、对别人的批评会耿耿于怀，同时也会去改正自己的缺点、自我批判、追求高度自律他律。

2. 1号的案例

我是教师，对我来说，世界上的一切都清楚明白：生命的意义是正面的，人人都应努力追寻正确价值观，并让它带领我们走向正确的道路；而错误的事情，都该反思改进，如此才能使自己或身边的人得到最大的益处，并使世界朝好的方向迈进。虽然我微不足道，可是世界正道的维系人人有责，即使牺牲一切，我也不能使正道被违背良心的邪恶吞噬。

我常在电视上看到道德沦丧的事情。年轻人的价值观偏差，多数父母自身亦没有正确的道德操守，糊里糊涂过日子。大多数人对生命的意义浑然不觉，导致大错小错不断。我感到忧心，便决定献身于教育事业，我的理想是创造一个更美好、正确的人生愿景。

我每天必须早上6点起床、晚上10点睡觉，假日依然相信早睡早起的规律生活，是拥有清醒的头脑和有条有理的生活之必要条件。自从看到书上说“每日三十分钟的散步有益身体健康”之后，我便每天提早三十分钟出门，走路到学校，晴雨不间断；毕竟懒散是人类最大的敌人，不仅会摧毁身体的健康，亦使心智状态堕落，而人必须付出时间和精力，才能使自己精益求精、达成理想，高尚的情操和完美的能力是不会从天上掉下来的。何况在这个复杂的世界中，人稍不清醒、不用心便会出错。我连一个错字都无法容忍，即使看到别人写错字也会令我难以忍耐。

错误的心态和行为是绝对不可容许的罪行。我时时警醒自己谨言慎行，思考自己是否有犯错、令人不满之处，以及品德上的瑕疵，并在日记中，思考改进的方法，必定要再三提醒自己后，才能安心。若对人、事作出错误的反应，便会整天都情绪低落；产生的强烈的丢脸感，让我将自己盯得更紧。不过，若思考后觉得自己正确、有理，那么即使人家表示不屑的态度，我也有“虽千万人吾往矣”的勇气，绝不退缩或迟疑。

我随时都找到时间自我充实，令自己更上一层楼是人对自己的责任，尤其身为教师的我更应该培养丰富的人文气息。因此，我常留意剧院的节目表，举凡芭蕾、昆曲、古典音乐会，我从不错过。我也常逛书店，虽然我爱看推理小说，可是我宁可把时间花在更深奥广博的文学名著、哲学思考上，毕竟推理小说只能消磨时间，后者才能陶冶人心。

朋友对我的反应呈两极，有的朋友（特别是上司）非常喜欢我，因为我最无法忍受自私、任性等不道德的行为，我总要求自己尽责、认真、具备令人信赖的价值，所以我答应他人的事绝不草率完成，务求尽善尽美。不过，不喜欢我的人，往往也是因为同一个理由：我的要求极高。对我而言，原则就是原则，是神圣不可侵犯的准绳，人人都该奉行不渝。可惜，我遇到的人往往不尽理想，他们总是要我放松点，不了解放松并不能解决问题，问题还是需要有人解决。于是为了确保结果完美，我往往把工作揽到自己身上，交给那些人令我无法放心。我知道这让他们颇有怨言，我也常因工作量加倍而感到疲惫不已，可是唯有尽善尽美的结果才使我感到放松。然而，严以律己、宽以待人不也是做人的准则之一吗？

所以我只好加倍要求自己。不过，那些无法精进向上的人，只知道责怪我不给他们做的空间，不知我正为他们的任性与无知担忧不已。他们不知道自己在做什么、将来又要承受何种不堪的后果。我是真心想告诉他们怎么做会比较好，我不忍心看到他们这么错下去，可惜他们不了解我的善意，若他们坚持错下去，迟早会付出代价，而人总是在付出代价之后才会走上正道——因此到那时，我也不会同情他们。

就我的两性关系而言，我期待的是得到理想的爱和情人。我希望那个人同样有原则、有风骨，愿意不停地学习、改进，并具有艺术修养、富有责任感且专情。可惜，不管是面对学生、朋友，或是想和我交往的人，我很容易一眼就看出他哪里需要改进，要如何改进才恰当——这使我很快就失去耐心。因此，我依旧会等待一种理想的两性关系，纵使过尽千帆皆不是的等待使人难熬，可是在理想的面前，我绝不轻易妥协。

3. 1 号个性描述词

个性描述词：追求完美、注重细节；崇尚规则、原则性强；严于律己、坚定固执；善于批判、精益求精；富有激情、进取创新；约束有余、苛刻挑剔。

4. 1 号的行为特征

➢ 有智慧、聪敏、理想主义色彩浓郁。

➢ 诚实、客观判断，切实公正，理性、正直、有良知、有节制。

➢ 志向高远的理想主义者，每件事都努力求最佳，是改革家、倡议者、社会运动家。

➢ 注重细节和效率，十分勤奋，有事做则精神振奋。

➢ 是非分明，正误清晰，少有灰色地带。

➢ 乐于助人成长，会提拔别人。

➢ 自我批评，对人对己都要求很高。

➢ 外表严肃，穿着整齐，表情一般不多。

➢ 控制感情，不会有太多的情感流露。

➢ 好下判断，挑剔、唠叨，是完美主义者。

➢ 道德感强烈，讨厌有人不守规矩和原则，会批评别人。

➢ 不轻信别人，对别人的赞美怀有戒心。

5. 1 号的潜在因素

1 号的动力是想事事完美、正确，争取更佳表现，帮助他人和自己上进，想证明自己的地位，希望能堵塞别人的批评和非议。

6. 1 号的个性优势

➢ 对工作充满热诚、尽职尽责，工作成果有保证，更会有令人喜出望外的成绩。

➢ 组织能力强，做事井井有条。

➢ 善于分辨团体中不同人的能力，给他们配置恰当的职位。

➢ 慷慨大方，可以超额完成工作或不介意做一些超出应得利益的事情。

➢ 修正能力和意识都很强。

➢ 不但自我批评，也能设定标准，成为大家的共同目标。

➢ 诚实可信，有让人信任依赖的本领。

➢ 相信原则，而且能贯彻执行，绝不半途而废。

➢ 部分人会有改革制度的气魄。

➢ 在一般情况下，情绪稳定，顾全大局，有大将之风。

➢ 对组织上的缺陷很有警觉性和觉察能力，并会提出实质建议。

➢ 道德感强，是理想主义者，是团体中的精神领袖。

➢ 勇于追求真理、锲而不舍。

➢ 喜爱学习和认识事物，并能极力将其运用于事业和生活中。

7. 1 号的个性缺陷

➢ 过度压抑情绪。

➢ 过分苛刻，不懂体谅别人。

8. 1 号个性解析

➢ 世界观："这个世界不完美，我有正确的做法……"

➢ 潜在恐惧：受自己良心责备或遭他人谴责。

➢ 潜在渴望：事事力求完美。

➢ 行为动机：做事力求完美，有原则，有标准，常有自我批判并要求他人按自己的标准去做事的倾向，理性正直，刻意求工，时常压抑自己人性中不理性的一面，怒而不宣。

➢ 注意力焦点：规则和批判。

➢ 自我保护机制：反应重新组合，反向作用。

➢ 高于他人的智能：逆境智能。

➢ 个人执念和难以驾驭的陋习：愤怒、批判、憎恨和埋怨。

➢ 个性倾向：被动，凭直觉办事，内向，思考，批判。

9. 1 **号人际风格**

➢ 沟通风格：对事不对人，直接而不留情面，婉转不足。

➢ 身体语言：腰板直，挺硬，可以长久保持同一姿势，行动反应速度通常快捷急促。

➢ 面部表情：目光锐利，面部表情变化少，严肃拘谨，笑容不多。

➢ 语气语调：生硬，速度偏慢，声线较尖，少尾音。

➢ 常用词汇：应该、不应该；对、错；不、不是的；按规矩办。

➢ 领导方式：以事为中心，追求卓越，按规则办事，注重全方位式管理，也会显得独裁武断。

➢ 典型价值观：追求卓越，没有最好只有更好，注重细节，鞠躬尽瘁。

➢ 典型人物：朱镕基、包拯、郭靖、张瑞敏。

10. 1 **号个性变化**

(1) 处于顺境时：会表现出 7 号的优点

➢ 学习能力强，可同时开展多项工作，工作安排井井有条，效率高。

➢ 积极正面，是个快乐的天使，有耐心，很随和。

➢ 归于本真、回归自然，乐于分享、常怀感恩。

(2) 处于逆境时：会表现出 4 号的缺点

➢ 情绪波动大，消极悲观，焦虑不安，埋怨。

➢ 丧失理性，抗干扰能力弱。

(3) 1 号提升到 7 号的策略

➢ 不做批评家，少吹毛求疵。

➢ 试想：是停留于“对”的位置，还是活在当下。

➢ 照顾自己的事，因为你所要的跟别人所要的不一样。

➢ 学会什么是“没错”。

➢ 尝试接受及包容自己的不完美。

➢ 用自己“对、错”的观念作参考，而不是评判别人。

➢ 放松自己，不再压抑自己的感受。

➢ 多留心其他环境因素，不要把自己的判断等同于事实。

➢ 鼓励犯错，错误会成为有用的资料、回应及智慧。

➢ 原谅自己。

2 号：热忱、易怒型

1. 2 **号的个性特点**

毫不利己，专门利人；喜欢帮助别人；不懂得拒绝别人；忽视自己，重视别人，心肠好；人缘好；喜欢被别人依赖而获得成就感；感性、具有天生的同理心，乐于助人、主动、取悦人，时常感觉自己付出的不够，相信别人胜过相信自己的家人，强调别人的需求，忽略自己的需求；对家人不关心，做他的家人就比较痛苦；做自己家的事懒惰，为别人家干活很勤快。甘于牺牲、有“感情账簿”对爱的极度需求；戏剧化（吸引注意），拒绝别人帮助；语气柔和，喜欢与人身体接触；关注人，不关注事情。

2. 2 **号的案例**

我是一名幼儿园老师，我很热爱我的工作。我很喜欢照顾小孩，和他们打成一片。每个孩子都是我的宝贝，我总尽心尽力照顾、陪伴他们，他们在我的生活中占有优先的地位，即使有时身体不舒服，只要一想到他们需要我，我便能精神百倍地飞奔到幼儿园工作。

我乐于被人需要，享受付出和给予。对我来说，可以和人分享我的爱是最令我满足的事，它们源源不绝的程度使我讶异，我是工作场合下的开心果，也很会说笑话，而每年到了年终晚会，我总有很多点子，唱歌、跳舞，我绝不害羞，只要能娱乐大家，让大家充满笑声，我就很高兴。

同事们都很享受与我共处。我隔三差五就亲手做些小点心，和大家分享；我抽屉里随时有溶汤包，可以在下午时泡给肚子饿的人喝。我也是很好的倾听者，如果有人很棒——比如说今天衣服穿得很漂亮——我就会高声赞美；我也喜欢给亲友以鼓励、赞赏。久而久之，有一些年纪比我小的朋友和同事便习惯找我倾诉生活的苦恼，把我当成妈妈一样撒娇。当然，我也热情回应，尽力照顾与支持，只要他们有约，我就会放下手边的事情，甚至是牵线工作上的事情、介绍男女朋友等，只要让我了解他们的需要，我必定热情支持。我做得很开心，也希望他们了解，只要他们需要，我会与他们同在。

对于家庭生活也是一样，我把孩子、先生、公婆照顾得无微不至。孩子和先生的便当都是我亲手做的，一定每天挖空心思变花样；当他们拿着便当，流露出享受这份爱心的骄傲时，就是我最高兴的时刻。我也时时向公婆嘘寒问暖，讲幼儿园里有趣的事情给他们听，他们常被我逗得呵呵大笑。

我的生活很快乐，没有烦恼。我每天都开心地上班，把身边的气氛弄得欢欢喜喜，我的存在令周遭的人感到愉快。若要说有什么烦恼，就是我常为身边的人担心，担心他们不快乐、受伤，得不到足够的爱，这使我更尽力地照顾他们，为他们提供一个温暖的避风港。反正我没什么需要嘛！让大家感到温暖最使我安慰。

公婆和先生常说我是一个无私的女人，没有心眼，有爱心又乐于分享，总把身边的人照顾得妥妥帖帖，让周遭的气氛欢乐，只要看到我就很开心，而且我从不给他们烦恼。我的孩子也说，同学都很羡慕这样的妈妈，不只随传随到、有求必应，还会天天说故事给他听，周末带他出去玩，不像别的妈妈只顾忙自己的事。说到婚姻，我一切都以先生为重，自谈恋爱时就是这样。初次见面时，我就对他一见钟情；在交往的过程中，他喜欢我就喜欢，他喜欢看电影、打网球，我也就养成看电影和打网球的习惯，因此我们夫妻之间总有共同的话题；我和他的朋友也很能聊得来，总把他们当成自己的朋友在关心，于是他们也就把我当成好朋友。几年的婚姻生活下来，我完全地融入了先生的生活。

我真的很快乐！越分享，就感到自己有越多的爱能分享。能有这么多的爱和这么多的人进行分享交流，我真的很幸福。

3. 2号个性描述词

个性描述词：乐善好施、无私忘我；仁爱善良、体贴入微；注重他人、开朗坦率；善于适应、善解人意；感情丰富、灵活包容；热忱有余、喜怒无常。

4. 2号的行为特征

➢ 外向、快乐、热情、充满活力、友善。

➢ 对人热情诚恳，慷慨大方。

➢ 很容易讨人欢心，乐于助人，很清楚别人的需要。

➢ 感受力特强，善于很快进入别人的内心世界。

➢ 以服务别人为自己的使命，甘心为别人奔波劳碌，如果未能施以援手，会觉得是自己不对，感到十分内疚。

➢ 忽略自我发展，不会说出自己的难题，将别人的幸福置于自己之上。

➢ 经常处于忙碌的状态，即使别人不要求援助，也会主动介入。

➢ 不喜欢制度化、公式化地处理人际关系，重视心与心之间的亲密交流。

➢ 如果别人不接纳自己的好意，会感到挫败，不满于他们的不知感激。

➢ 有时会强迫别人接受自己的好意，这时会显得神气十足、盛气凌人。

➢ 喜欢别人依赖自己，并由此产生成就感。

5. 2号的潜在因素

2号的主要动机是渴望被爱，所以总是先无私地给出大量的爱，以赢得别人的注目和感激，有时又渴望别人在“爱”的掌控下依赖自己。

他们从小就学会了让人喜欢才能获得爱和关注，所以总是令自己变得乖巧，处处讨人欢心，让所有人都获得充分的关注和爱护，这便形成了他们日后惯于保护别人的个性。

6. 2 号的个性优势

➢ 善于聆听。

➢ 有同情心，较易感受别人的需要，与人产生共鸣。

➢ 让人易于亲近、信任。

➢ 极有耐性，能不厌其烦地关怀别人的处境。

➢ 外在表现具弹性，能调整自己以迎合他人的需要。

➢ 能与不同类型的人交往，并可以赢得他们的欢心和信任。

➢ 有让人服服帖帖的本事，并把焦点放在避免被拒绝上。

➢ 擅长解除别人的防范意识。

➢ 出于照料别人的动机，他们会自发地促使自己把事情办妥。

➢ 无私与渴求回报之间不断挣扎。

7. 2 号的个性缺陷

➢ 缺乏理性，感情用事。

➢ 好管闲事，占有欲强。

➢ 忽略自身发展。

➢ 会给人恭维和谄媚之感。

8. 2 号个性解析

➢ 世界观："我天生就是助人之命，我愿意为我所喜爱的人付出，也深信他们万万不能没有我！"

➢ 潜在恐惧：害怕孤独和不被喜爱。

➢ 潜在渴望：被人关怀，爱护。

➢ 行为动机：渴望被爱、受人感激和认同，善解人意，有同情心，热情地去满足他人需要而体现自己的价值。

➢ 注意力焦点：配合、服务他人。

➢ 自我保护机制：抑制自己，否认自我需要。

➢ 会比人强的智能：情绪智能（EQ）。

➢ 个人执念和难以驾驭的陋习：骄傲，自负，有所持。

➢ 个性倾向：外向，主动，感情丰富。

9. 2号人际风格

➢ 沟通风格：重视关系、婉转、有时会讨好别人。

➢ 身体语言：开放，热情，行动较慢，柔软有力，喜欢身体接触。

➢ 面部表情：笑容满面，热情可爱，天真烂漫，富有诱惑。

➢ 语气语调：速度轻快，声线较深，自嘲，有幽默感。

➢ 常用词汇："你坐着，让我来；不要紧，没问题；好，可以；你觉得呢？"

➢ 领导方式：善于鼓励他人发奋图强，肯为大局而牺牲，善解人意，以人为本的管理模式。

➢ 典型价值观：财散人聚，财聚人散；先付出，再得到。

➢ 典型人物：牛根生、雷锋。

10. 2号个性变化

(1) 处于顺境时：表现出4号的优点

➢ 灵感突显，具有创造力，有艺术天分。

➢ 组织能力强、适应能力强，有凝聚力，可担任各种工作。

➢ 有情感支持，工作稳定性强，效率高。

(2) 处于逆境时：表现出8号的缺点

➢ 强迫他人接受自己的观点、干涉性强。

➢ 不善于听从他人意见；控制力差、不理智；欠缺原则性。

➢ 情绪化、易怒。

(3) 2号提升到4号的策略

➢ 学会接受别人的赞美。

➢ 减少支配别人，不要用心机迎合对方。

➢ 学会"收手"，即让别人自己去解决问题。

➢ 别过分"体谅"别人，有些事不需要主动出手，清楚自己责任的界限。

➢ 将对人的慈爱转向自己，问自己要些什么？用些时间于自己的感受，真正兴趣、立场及理想上。

➢ 用些单独的时间去反思自己的需要。

➢ 不是每个人都像你一样善解人意，不妨告诉别人你自己需要什么。

➢ 仅仅付出是不够的，也要学会“接受”的艺术。

➢ 不要以为事事都是与人有关，有时“事”归“事”，重要的是把“事”办妥。

➢ 留心自己的傲慢，学会欣赏每个人的不同。

3 号：专注、追求型

1. 3 号的个性特点

3 号类型的人是精力超强的工作狂，他们奋力追求成功，以获得地位和赞赏。他们具有竞争性，尽管他们自认为这是一种爱的挑战，而非击败他人的欲望。无论他们处在何种竞争场合，总是把目标锁定在成功之上。他们会是——成功的父母、配偶、商人、玩伴、治疗师，能够顺应身边的人们而变换交往方式。尽管他们和自己真实感觉毫不相干，因为这些都会影响其成就，可是一旦受到要求，他们却可以表现出合宜的感觉。他们会全心全意追求一个目标，而且不厌倦。他们会成为杰出的团队领袖，鼓舞他人相信“天下没有不可能的事”。

2. 3 号的案例

我是一个业务员，每天都向大众推销产品，只要有谈成生意的机会，一定不会放过。从小爸爸就告诉我们长大以后一定要出人头地、功成名就，这样才不辜负他们的一番苦心。我从小就很拼，一路苦干实干，一毕业就到深圳赚钱，我很早便决定要做业务，只要东西卖得掉就能赚钱、职位就会提升，加上我自认（朋友也这么认为）长相不错，辩才无疑，所以一定会是成功的业务员。我信心满满的投入这一行。

我一拿到产品，必定认真搜集资料、下苦工仔细研究产品如何呈现，务必让消费者清楚了解产品的优点与价值，并尽量提升产品的附加价值或外观美感，使其更有吸引力与说服力。由于我本身的口才就不错，对市场敏锐度也高，所以这项工作做起来算得上得心应手。

消费者买我的东西时，一定带着笑脸离开，因为他们肯定我的产品和服务。我对消费者的服务真是没话说，他们对我来说不仅是消费者，更是人生中重要的朋友。我经常与他们保持联系，偶尔转寄网络上有趣的东西让大家一起乐，有时干脆办一个小聚会，一起去 KTV 唱歌。我做人挺大度的，朋友都说很高兴交到我这个朋友，买我的东西更是一种享受，因为我真的是把好的东西介绍给他们。

我有一种魅力，只要我在场，朋友就一定玩得开心。我的模仿能力总是让在座的人乐不可支，忍不住把目光停留在我身上，而且意犹未尽。

我做业务的短短几年内便有了很好的成绩，职务升得很高，薪水在大家的照顾之下，也不算低，每个月我都会抽空回老家，穿得西装笔挺，带着大包小包的礼物，从村头慢慢地开着宝马回村尾的家，和内人手拉手热情地问候老邻居。内人以前是模特儿，姣好的脸孔、玲珑的身材加上合宜的打扮，气质简直媲美好莱坞的明星。爸妈每次看到我们回家都笑得合不拢嘴，直说当初的心血没有白费，如今我们可算是家乡里的"明星"。

说到我的婚姻生活，我老婆可是没得挑，外表突出，工作能力又强，模特儿不做了后就开起高级服饰店，她是很多明星的时尚顾问。我们的工作理念相同，人生目标一致，经常一起研究工作如何进行会更好。最近我升职了，有拓展业务的打算，而她想开一间分店，于是我们常彻夜倾谈自我成就与目标，并感到兴奋不已。我们的"野心"当然不止于此，世界这么大，我们绝不能满足一方的成就，一定要时刻激励自己更上一层楼，光宗耀祖。

我们生了一儿一女，都很可爱，孩子是我们夫妻心头的两块肉。我们的教育方式既现代又开明，事事都让小孩表达自己的意见，教育上的费用我们绝对不省，我和妻子就悟到今日的教育就像漫长的竞争阶梯，想要爬上去就得把别人踢下，所以小孩从小学高级私立双语幼儿园，便积极参加各式各样的高级才艺补习班，好长成为有气质有教养的好孩子。毕竟他们的父母是社会的精英，所以现在就得让他们有好的开始，因为好的开始就是成功的一半。

最近我觉得车也买了，别墅也买了，工作职位也够高了，该是有新发展的时候了。所以我积极地结交朋友，参与社会团体，认识较有地位的政经界人士。毕竟，有了名车、名宅、名表、名牌，总觉得好像还少了什么，再有个头衔就更圆满了。

3. 3 号个性描述词

个性描述词：目标明确、专注执著；崇尚成功、注重效率；思路清晰、方法灵活；顽强坚定、求是务实；自强自立、活力四射；现实有余、冷漠无情。

4. 3 号的行为特征

➢ 争强好胜，竞争心强，渴望出人头地。

➢ 精明能干，自信自满，善于变通，口才好。

➢ 目标清晰、效率高，为达目的可以牺牲原则和过程。

➢ 外表有魅力，爱出风头，受人欢迎。

➢ 经常刻意保持精神亢奋，予人精力充沛的形象。

➢ 善于转变形象，他们可以在每个人面前，以些微差别来调整自己而丝毫不被他人察觉。

➢ 在意名声地位，为维持一些外在形象，甚至可以冷酷无情，不择手段。

➢ 常常在别人面前夸耀自己的能力、才华、背景、家庭、伴侣，给人自我膨胀之感，有些人是自恋者。

➢ 多自夸，不爱倾听，时常忽略他人的感觉需要，自我陶醉，扬扬自得，会冷嘲热讽地对待别人。

➢ 傲慢轻率，以自我为中心，只管自己的事，很少考虑别人的处境。

➢ 恐惧失败，所以很少冒险，除非成功在望。

➢ 一旦失败，会非常沮丧、意志消沉。

5. 3 号的潜在因素

他们的主要动机就是渴望被肯定，追求与众不同，接受众人的注意、被人羡慕，总想在别人心目中留下 Super Star（超级明星）的印象。

6. 3 号的个性优势

➢ 目标明晰、头脑清醒、条理分明，即使在混乱的情境中，也不会迷失工作方向。

➢ 热力四射、活力十足，与人融洽相处，给团队带来凝聚力。

➢ 懂得灵活变通，效率惊人。

➢ 很好的推销员，口齿伶俐，时常轻而易举地说服别人。

➢ 善于在分裂的团体成员间组合共识，催化向心力。

➢ 组织能力、领导能力强，能为各成员确定恰当的职位。

➢ 满怀自信，是让人信服的领导者。

➢ 能推动团队把事情办好，常有聪明的解决办法。

➢ 面对团队危机时，能冷静应付，知道如何避免冲突。

➢ 追求成就感的出发点，促使他人对工作充满热诚。

7. 3 **号的个性缺陷**

➢ 由极度自恋到一蹶不振。

➢ 具有毁灭倾向。

➢ 迷失自我。

➢ 因功利主义而投机。

8. 3 **号个性解析**

➢ 世界观："这个世界就是一个优胜劣汰的竞技场，我有能力证明自己，我必须努力做成功者！"

➢ 潜在恐惧：被人否定，担心自己能力不为他人所认同。

➢ 潜在渴望：自己的能力被人赏识和认同。

➢ 行为动机：渴望事业有成，以目标为主导，重视自我形象，希望才华被人肯定，受人注意和羡慕。能在第一时间适当地表现出该有的反应，善于掌握每个机会，务求达到成功。

➢ 注意力焦点：形象和表现。

➢ 自我保护机制：身份识别认同，自我欺骗。

➢ 比人强的智能：情绪智能、创作智能。

➢ 个人执念和难以驾驭的陋习：虚伪、虚荣、爱出风头、自吹自擂。

➢ 个性倾向：外向、主动、善于交际。

9. 3 **号人际风格**

➢ 沟通风格：目的性强、巧妙、夸张、喜欢显示自己。

➢ 身体语言：开放、热情、强者型，动作快，转变多，大手势。

➢ 面部表情：目光明亮，说话时喜欢和别人进行眼神交流。

➢ 常用词汇：可以；没问题；保证；绝对；最、顶、超。

➢ 语气语调：高、快、夸张，喜欢讲笑话，大声，声线不尖不沉。

➢ 领导方式：以目标为本的管理模式，重视成就、表现和效率，有时会变得专制。

➢ 典型价值观：超越他人，超越自我，简单的事情重复做，快鱼吃慢鱼，财富是能力的证明。

➢ 典型人物：刘德华、章子怡、巩俐、江南春、王石。

10. 3 号个性变化

(1) 处于顺境时：表现出 6 号的优点

➢ 严谨、负责、全身心的投入。

➢ 维护团队统一、注重团队合作，善用激励性语言。

➢ 有敏锐的洞察力，寻找更高的目标。

(2) 处于逆境时：表现出 9 号的缺点

➢ 在逆境中面对挫折，会有灰色心情。

➢ 不能承受压力，遇到压力容易妥协。

➢ 效率相对较低。

(3) 3 号提升到 6 号的策略

➢ 认清你的为人与你的成就是两回事。

➢ 不要不自觉地主动去做，有时让别人做主。

➢ 在繁忙的生活中抽出些时间去与人相处。

➢ 享受一下宇宙那一股自在的动力，它自然的起伏、熄灭。

➢ 问自己是否冲得太快。可否考虑一下其他的因素。

➢ 学习多些时间关注情感和关系问题，不要过度集中于工作与成就。

➢ 留心自己时常把开心、欢乐推迟才去体验。

➢ 不要用新的工作或新的计划去逃避自己要面对的问题。

➢ 发觉自己的“虚假”，立即做出改变。

➢ 明白自己的力量有限，接受身边的人或许比自己无能或愚蠢，但他们也有存在的价值。

4号：浪漫、情绪型

1. 4号的个性特点

讲究个性，渴望与众不同；有艺术才华；我行我素，有深度，有品位。敏感；容易情绪化；嫉妒；爱幻想；创作力强；容易沉浸在自我世界；浪漫、感性；不了解人情世故；占有欲强；喜欢通过有美感的事物去表达个人感情，内向，抽离，忧郁，追求独特的感觉。恐惧平淡，被遗弃，对人若即若离；寻求拯救者，一个了解他们，并且支持他们梦想的人。

2. 4号的案例

我是一个小说家，一个令自己纵情于大悲大喜的性情中人。我喜欢创造出各种不同的人物，看他们人性纠纷，与生命一起哭、笑，我有浓烈的情感，炽热的心，精细敏锐的触角，多愁善感的灵魂，可是，没有人知道我的心像易碎的玻璃天鹅，需要了解和呵护，渴望情感的润泽，却承受不了世俗的重量，身在异乡的痛苦，虽欲展翅翱翔，欲被无形的锁链禁锢。

其实我的心早就碎了，我抱着一颗勉强“缝补”的心，如一缕幽魂游荡于世间，常不知身在何处，仿佛一切都很陌生，与我无关，我只是身在异乡的游子。我伸出手，想抓住什么，可是却不配抓到一点什么。太好的，我不配；太差的，我又不屑。我渐渐想着好坏并不是问题——事实是，偌大的世界根本就没有人了解我。

是的，我有梦，一颗颗晶莹玲珑的梦，化作篇篇诗章，色彩斑斓——斑斓的色彩却变成书店里等上畅销排行榜的卖钱书。我其实不屑，梦想怎能称斤论两，供人评头论足地选购？且不说我是否能遇到知音，我的梦、我的心竟被标上价钱？庸俗！恐怕我是落难到庸俗世间的美丽的公主吧？一个遍寻知音而不获的异乡人，只好跌跌撞撞，摔成一身伤的小可怜。好比流落街头的小狗只能挣扎着生存，没有人会瞧它一眼。可是，如果有人愿意看它天真的眼神，便会知道他们错过了一个高贵的灵魂。

生存是妥协的艺术——我只好妥协。

我不善生活，世俗的琐事像一条锁链将我桎梏，我无法飞翔，让我烦闷不已。我无法忍耐身边那些俗不可耐的蚂蚁一般生活的人——他们怎么不懂得，必须要有梦才能飞升到宇宙的心头，否则怎么能体验灵魂的浩瀚？

为了使我记住自己的心和梦，我必须精细，所以容易动容，流泪，只要有一点喜悦，一点幸福，一点感伤，一点旧时依恋，爱溶溶的阳光……我就忍不住用手背拭去夺眶而出的感动。我一直都在追寻：追寻一点点的真，追寻真的自己，然而岁月将我耗蚀得枯老了，不论我如何呐喊、呼唤，它总是悄悄从指尖滑落。我要的也不过是那么一点真——可我不就在这里吗？为什么我会找不到自己呢？我要我自己！

我……一直都在等你。我是为了遇见你而生，只有你会了解我。遇见你的那一天，就是我的痛苦得到救赎的时候，你就是我的救赎。在那之前，我将带着这一丝希望继续飘荡，甚至不再涉入人群。每一次的相逢都是分离的开始，而我的心再也禁不起次次的切割。明明知道结果是注定的，又何苦挣扎让自己伤心？我选择不要相遇，继续在苍凉的人世间做一缕孤魂。没有你，我没有意义。

3. 4号个性描述词

个性描述词：浪漫多姿、婉约细腻；气质独特、举止优雅；忧郁柔美、富有灵性；感情丰富、善良脆弱；心神自由、坦诚率真；随性有余、多愁善感。

4. 4号的行为特征

➢ 感情丰富，神经细微，情绪多变，易于被生命中负面事物吸引。

➢ 斯人独憔悴，即使在团体中，亦无法与人融合，给人高傲冷漠的感觉。

➢ 生性浪漫不羁，不受束缚。

➢ 不论男女，举止柔美优雅，婉约细致。

➢ 无论自觉与否，他们的生命都是追求一种独特性，或是在打扮上表现出来，或是在天赋才华中流露，不会随波逐流，十分有灵气。

➢ 脸上时常挂着一丝哀愁，挥之不去，忧忧郁郁。

➢ 陶醉于拥抱痛苦中，行动飘忽，无法捉摸，甚至他们自己也不知道要些什么。

➢ 好幻想，拥有过人的创造力，对美感有独到的洞察力。

➢ 觉得别人不理解他，虽然心底极端渴望寻找共性，表面上却又摆出一副毫不在乎的嘴脸。

➢ 感情脆弱，容易受伤，看来娇柔无力、精神涣散。

➢ 对自我感情的觉察力很强，自我中心、自我指向（self - referencing），但普遍不像3号有自私自利的倾向。

➢ 能量很低，经常一副有心无力的样子。

➢ 觉得自己非常不完美。

➢ 在恋爱中特别缠绵轰烈，会刻意用各种方法引起伴侣的关怀，或利用离离合合的手段，借以掌握关系中的主导权。

5. 4 **号的潜在因素**

他们早年就恐惧被遗弃和不被重视，时常处在别人会舍他而去的惶恐中。为了在没完没了的担忧中支撑下去，他们自觉要追求一种独特性，这样一来别人就会留意他，而就算别人不理会他，凭着这种与众不同的气质，他们亦可以内在地圆满自足。然而他们始终期望别人的爱，所以他们总是找机会表现这种渴求，如果遭到拒绝，就会退到自己的世界中，从此筑起一道围墙，以幻想与现实打交道。

6. 4 **号的个性优势**

➢ 在各类型人中，4号的创造力和艺术感是无出其右的，他们对日常事物有着过人的洞察力，而且会用意想不到的方式，将其重新排列、整合，这种惊人的创作力常常叫人赞叹不已。

➢ 他们在热情洋溢、精神亢奋时所爆发出来的能量是惊天动地的，这时他们会突然变为一个精力饱满的人，会不知疲倦地完成目标任务。

➢ 真诚、坦率，说话不会拐弯抹角，不会阿谀奉承，如果能接受他们不要嘴皮的坦白可爱，他们也是可以与人交心的。

➢ 只要他们视为可以真诚交往的人，他们会为朋友仗义而不计较自身的付出。

➢ 敏感度极高，对人的不幸遭遇有深层且天赋的同情心，会立刻抛开自己的麻烦，去支持受苦的人。

➢ 非常重视真实，因此忠于自己的感情和行径，天真率性。

➢ 抗拒现存制度和规律，能带给人全新的角度去理解、欣赏世界。

7. 4 号的个性缺陷

➢ 自我封闭、性情孤傲。

➢ 嫉妒与计较。

➢ 自愧与自卑。

➢ 自我摧毁。

8. 4 号个性解析

➢ 世界观："我感到人性的真伪，我对别人的观察亦比一般人有深度，我非常重视人的感受，亦善解人意。我是一个感情丰富的、浪漫的、优雅的、不媚俗的、有品位的、有个性而喜欢我行我素的人。"

➢ 潜在恐惧：生命中仍有不足之处，情感世界仍有缺陷。

➢ 潜在渴望：能深入的自我了解，看透人生。

➢ 行为动机：渴望自己了解和他人内心感受被人认同，喜欢我行我素，不媚俗，感情丰富，思想浪漫有创意，拥有敏锐的触觉和审美眼光。

➢ 注意力焦点：内心感受和想象。

➢ 自我保护机制：投射作用。

➢ 会比人强的智能：创作智能。

➢ 个人执念和难以驾驭的陋习：羡慕，妒忌，任性。

➢ 个性倾向：内向，被动，悲情，感情丰富。

9. 4 号人际风格

➢ 沟通风格：重视非语言沟通，惯性保持静默，随意、随心。

➢ 身体语言：动作优雅，没有大动作，慢。

➢ 面部表情：眼神忧郁，目光永远有所思忆，却又感性而迷人。

➢ 语气语调：抑扬顿挫，措辞谨慎，语调柔和。

➢ 常用词汇："我觉得"，"我感觉"，"我也不知道为什么"。

➢ 领导方式：凭直觉做事，勇于创新，有决断力，有时会任性而意气用事，是个不会软弱妥协的人。

➢ 典型价值观：创意与灵感，追求独特，品位超群。

➢ 典型人物：王菲、张国荣、亚里士多德。

10. 4 号个性变化

(1) 处于顺境时：会表现出 1 号的优点

➢ 工作细致，善于发现工作中的问题。

➢ 主动承担责任，自省能力强。

➢ 情绪高涨、精神饱满、富有激情。

(2) 处于逆境时：会表现出 2 号的缺点

➢ 理性不足，缺乏条理和规划。

➢ 感情用事，原则性不强。

➢ 干涉过度。

(3) 4 号提升到 1 号的策略

➢ 不要将每件事都视为与自己有关。

➢ 不要放弃，丧失信心是对自己的最大阻挠。

➢ 不要总待在一个位置，活动是使 4 号跳出困局的良方。

➢ 下一次遇到情感大浪涌起时，问自己："我是否又重蹈覆辙?""我逃避什么?""平凡？沉闷的责任?""我选择不去面对的是什么?"

➢ 留心自己把专注放在"没有"的地方，学会珍惜现在"有"的地方。

➢ 提醒自己"遗弃"是过去的事，并非不能避免的事。

➢ 每天找些正面的开心的事做。

➢ 留心"自我沉醉"只是掩饰那被人遗弃的恐惧感，倒不如留心这一刻什么对别人是最重要的。

➢ 欣赏自己可以体谅别人伤痛的能力，但不要揪着别人的痛苦不放。

➢ 建立"系统""方法"令日常生活可以有所作为，不被情绪的高低而阻挠。

5 号：探究、木讷型

1. 5 号的个性特点

思想的巨人，行动的矮子；忘我工作；讨厌情绪激动的人；不喜欢喧闹，喜欢独处；与现实脱节，抽离，不喜欢群体运作；希望了解事情的全部，而不是部分；分析和逻辑思维能力特别强；容易把复杂的事情分解；重视精神享受，不重视物质享受；做事情不喜欢被别人打扰；喜欢分析事物及探讨抽象的观念，从而建立理论架构，百分百用脑做人，刻意表现深度；保护隐私；不注重外表但注重内涵；喜欢被动，不喜欢主动；基本生活技能较弱。

2. 5 号的案例

我是一名研究员，工作伙伴是研究设备还有无数的书籍。我只要工作就会全神投入，浑然忘我，我太太不得不常打电话请助理提醒我吃饭——因为我根本就忘记身体其他部位，因此我的助理自我嘲解，说他简直就是我太太派去照顾我生活起居的人。我不只忘记吃饭，连研究室也是一团乱（这是助理说的）。其实，我根本就没有察觉到研究室到底如何，只专心研究而已。

我的生活也极为简单，上班、下班、回家……年复一年、日复一日。我没有什么人际关系，也不在乎有没有朋友，只要有研究就够了。事实上，我也不明白人何必用尽心力结交朋友。多个朋友就多桩烦人的事，而我最讨厌那样子纠缠。因此我在办公室时，总是叫助理接电话，免得人家跟我啰唆，尤其是丈母娘，老爱问东问西的。除非是不得不亲自上阵的电话，我才会用最理性而科学的态度，在最短的时间内将它解决。

在家时我多半窝在书房里、看书、做分析、观察，我常泡一杯咖啡，想着事情，一想就一下午，我喜欢买书，尤其是科学、哲学类的书，思索生命的意义，宇宙的道理。最近太太对我的生活方式不太满意，老是抱怨我花太多时间在研究上，没有多些时间陪她，所以我就买了几本心理学的书，研究她到底是怎么回事，分析她的心理状态。

当初是我太太主动追求我的。她看到我在研究的样子，便称赞我有学问，常来研究室找我，做便当和我一起吃。当我专心研究，她便安静地在一旁替我整理东西，为我设计安排生活起居。渐渐地我觉得少不了她温柔的陪伴和关怀，两人就结婚了。不过近几年，她忽然对我的研究兴趣骤减，还抱怨我不把用在研究上的专注分一点到她身上，甚至积极鼓励我出去见她的朋友。可是那类婆婆妈妈的事，我没兴趣！有时看着她穿着漂亮的衣服往外跑，便忍不住讲她两句，甚至把露肩的、露大腿的全都送人，她又跟我大吵一架，说我不陪她又要干涉她，结婚前就知道我是这样的人了，不是吗？所以说是她自己的问题，和我无关。只要研究出她的心理状态，就可以掌握好了。

我的学识和分析、观察能力，是我最引以为傲的。对我来说，没有什么是科学方法不能解决的，即使是感情之类的东西，也只是脑里的分泌物罢了，迟早有一天我们能用科学实验和研究加以破解。因此在这一天到来之前，我们绝不能让自己落入感情的陷阱中，因为它一点都不值得依靠，只是一种令人陷入混乱、变得依赖的包袱，无法为人指出正确的出路，只有科学思考才能让人拥有独立、精准的判断。

我非常喜欢我的研究工作，我的脑袋只要专心于研究，就可以发挥力量，孕育许多的思想和创新的研究。我的研究成果给我一种对世界和生命的掌控之感，即使身在斗室之中，脑力仍旧无所不能，我根本不需要踏出这个房间，就可以通晓全世界。况且，书这种东西是世界上最伟大的发明之一，举凡旅游、人性、婚姻问题的书，都在我的收藏之列。很多人经历很多麻烦，才得到这些结论，我只要买他们总结的知识。

很多人汲汲营营奇怪的琐事中，浪费自己的一生，而我只要有这一颗脑袋，就掌握了全世界。

3. 5号个性描述词

个性描述词：观察入微、善于探究；思考深广、敏锐缜密；精神自由、界限分明；沉静理性、平稳专注；平和舒缓、疏于边幅；封闭有余、孤寂寡言。

4. 5 号的行为特征

➢ 聪明、冷静、敏锐、客观，分析与组织能力都十分强。

➢ 有创意和革新精神，也鼓励别人把过去的陈旧观念丢弃。

➢ 有不寻常的透视力与洞悉力，心思缜密，可能是一个天才。

➢ 专心致志，博学多闻，酷爱资讯和知识，通过探讨抽象的观念而获得内在自足的充实感觉。

➢ 亲切、值得信赖，与人保持距离，亦不会入侵别人的领域，维持“君子之交淡如水”的关系。

➢ 沉默寡言，非常害羞，不善与人打交道，也好像不太关心人似的。

➢ 喜欢独自一人工作，相信自己的能力，也很少寻求他人的意见和协助。

➢ 追求完美和系统的表达，如果不能达到以上的目的，宁可不说，也因此他们多有特别讨厌浮夸、不负责任的言论。

➢ 不重视外表和包装，讨厌修饰，是个理想主义者，对真理很执著。

➢ 可能会成为简约主义者，立理限事，把事情硬套在某些观念的框架里。

➢ 不注重亦不懂得处理事务，觉得这些烦琐的事情没有意义，浪费时间。

➢ 隐遁、孤立、闭门造车、愤世嫉俗、自以为是，对很多事情都觉得肤浅不堪，看不顺眼。

➢ 有些人会发展为妄想症和精神分裂者。

5. 5 号的潜在因素

他们觉得这个世界是充满变数、无法掌握的，处处充满威胁，所以他们很怕被人事牵涉在内，因此选择不参与这个现实世界，而躲在自己的安全的精神世界，通过累积知识的方式，慢慢窥探外界。他们希望获得更多知识，以阐释发生在身上的每一件事情，以及作为面对环境和威胁时自我防卫的武器。

6. 5 号的个性优势

➢ 善于将大量资料有条不紊地分门别类，而得到一个合乎逻辑的结论，有的会成为某个特定领域的专家。

➢ 有过人的洞见和分析力，可以提出不同问题的解决方法供人参考，适合担任“军师”，不过他们未必是很好的决策者。

➢ 有革新精神，会产生极有价值且具创见的新观念。

➢ 心思十分细密，计算精确，能将自己抽离于一切感情因素之外，冷静、客观。

➢ 可以独立处理很多问题，而且都可以做得井井有条。

➢ 善作结论，观察敏锐，很快便能捕捉到问题的关键，适宜做会议主持人或谈判催化员。

➢ 表达能力很强，在自己的专业内，会很乐意担任咨询人，并会详细解说别人的疑难。

➢ 学习能力很强，特别是关于深奥的观念和学问，有融会贯通的能力。

➢ 富有宗教情操，喜爱探索宇宙人生的奥秘，达到常人无法理解的深度。

➢ 抽离与隐遁。

7. 5号的个性缺陷

➢ 脱离现实，闭关自守。

➢ 贪婪和吝啬。

8. 5号个性解析

➢ 世界观：“我是自己世界里的主人，对我熟悉和喜爱研究的事物，我堪称是权威的专家!”

➢ 潜在恐惧：被人取缔和驾驭，对身边事情感到无知，束手无策。

➢ 潜在渴望：洞悉天下事。

➢ 行为动机：渴望比人知道得多，懂得快，喜欢运用自己的智能和理论去驾驭他人，冷静，机智，分析力强，好学不倦，善于理性、有逻辑地去处理问题并将情感抽离，不喜欢自己的空间受到骚扰。

➢ 注意力焦点：观察和理论。

➢ 自我保护机制：退缩，与他人隔离。

➢ 会比人强的智能：智商。

➢ 个人执念和难以驾驭的陋习：贪婪，自私和求知欲过强，忽略了人和事。

➢ 个性倾向：内向，被动，自我，爱思考。

9. 5 号人际风格

➢ 沟通风格：习惯理性沟通，惯性保持静默，如说话，直接居多（说自己好像在说别人）。

➢ 身体语言：防守式，双手交叉胸前，上身后倾，跷腿。

➢ 面部表情：喜怒不言于色，木讷，不拘言笑，不强于反应，皱眉头。

➢ 语气语调：平板，没有感情色彩。

➢ 常用词汇："我想；我认为；我的分析是……我的意见是……我的立场是……"

➢ 领导方式：凭自己的智能、判断力和分析能力办事，理智但缺乏人情味，能掌握大局，但喜欢遥控式领导，往往善于策划而疏于行动。

➢ 典型价值观：科学管理，学无止境。

➢ 典型人物：培根、李敖、马克思。

10. 5 号个性变化

（1）处于顺境时：会表现出 8 号的优点

➢ 有控制、有统筹、有规划、有创新。

➢ 投入、专注、自信、果断。

➢ 事业心极强，成为行业领袖。

（2）处于逆境时：表现出 7 号的缺点

➢ 缺乏稳定性，随意性过强。

➢ 广而不细、杂而不精。

（3）5 号提升到 8 号的策略

➢ 不要太过吝啬时间。

➢ 让身边的人知道你与他们是站在同一战线，你是支持他们的，你愿意去帮忙。

➢ 学会"活在当下"，而非活在知识的海洋中。

➢ 看看自己有没有鄙视别人的成分。

➢ 学会聆听。不要在别人讲话时，自己暗想下一步自己怎么讲。

➢ 冒险"先"表达自己的立场。

➢ 冒险讲出自己的想法，别人不能靠灵感去估计你的想法。

➢ 参加一些鼓励表达自己的活动。

➢ 容许自己去感受及体验一下身体的反应或情绪的波动。

➢ 多多接触和努力投入情感，别人与你不一样，他们更需要情感的沟通。

6号：质疑、忠诚型

1. 6号的个性特点

始终和别人保持一定的距离；多疑；做事总是有许多担心，恐惧犯错，过分谨慎；凡事做最坏的打算；防卫性强，缺乏安全感，怀疑而非明显的恐惧；相信权威；需要团队；凡事有周详的计划；勤奋；逆商很高，人称打不死；有责任感，重承诺；不喜欢受人注目，老二心态。

2. 6号的案例

我是一个公务员，在邮局上班，每天过着朝九晚五的日子，很安定。我从小的目标，就是拥有幸福美满的家庭、乖巧的小孩，过平静的生活。因此大专毕业后，就顺从家里的愿望，考上了公务员。有朋友问我：难道不觉得这样的生活很无趣？难道不希望过更刺激的生活，享受轰轰烈烈的爱情？我想了想，还是觉得没有什么比安定的生活更重要。

我父亲很早就过世了，我很认真地帮助母亲，把弟弟妹妹拉扯长大。我知道，如果能过上不担心钱的日子，整天快乐地生活当然很好，可是这样既没有安全感又不实际。

念高职时曾有一个男孩子追求过我，他在民歌西餐厅唱歌，想要当歌星，人长得很帅，有很多女孩子想跟他在一起，可是我一直没有答应他的追求。毕业后，我经由相亲认识一个男孩，他是中学老师，人非常诚恳、憨厚，虽然没有背景也没有钱，我还是很喜欢他，不久我们就结婚了，婚后我勤勤恳恳地理财，贷款买房子，现在有两个健康活泼的小孩，一切都如我所愿。

我做事有未雨绸缪的习惯。我已买了保险，这样将来如果生病比较有保障。我也为小孩把教育费统统准备好了，这样万一我和先生出事，小孩才不会顿无依靠。家里的灭火器、逃生器材，更是一个不少，毕竟天灾人祸时有所闻。比如地震之后，我还把家里的大家具加上特殊的固定钉子，免得倒下来压着人。这几年我更开始研究紫微斗数、风水，希望能逢凶化吉。

我和先生的年纪渐渐大了，不得不为自己的后路打算，还好我们有稳定的退休金。我们也互相勉励做些运动，免得以后年纪大了身体不堪负荷，还要拖累小孩，现在有几个老朋友联络得也比较勤，以前年轻时各自为自己的家庭打拼，现在年纪大了，小孩也快独立了，我们就必须互相帮助，说不定以后干脆住在一起，彼此照应。

我认为平安就是福，尽管有人认为我的生活太过平淡。大风大浪的生活只能获得一时的刺激，跌下来的时候反而更痛苦。婚姻也是一样，我从来不渴望浪漫的爱情，只想维持一个安定的家庭。事业上也没有创造辉煌成就的欲望，毕竟登高必受寒，而且许多有钱人的第二代就堕落腐败了，对孩子反而不好，倒不如在平淡中奋斗，求稳定的发展，不求大起大落。我教育我的孩子：做人不要有过分的野心，踏实地前进就好，不要冒险，因为冒险就会有风险。我也教他们勤俭，免得落难时由奢入俭难。

我总告诉小孩绝不要太相信人。现在这个社会，要好好相信人都很难，我们一定要听其言、观其行，然后推测那个人的动机是否纯良；有时这样都还不够，必须设法再三确认才行，否则一时的好心，说不定就被利用了。不要太轻易就跟别人靠近，免得糊里糊涂把自己的底细泄露出来，害自己被骗。此外，做人做事都要小心谨慎，免得为自己树敌。总之，“小心驶得万年船”这句话准没错。

3. 6 号个性描述词

个性描述词：质疑多虑、居安思危；崇尚权威、心无旁骛；信念稳固、信守承诺；维护团队、注重责任；踏实笃行、言行统一；谨慎有余、优柔寡断。

4. 6 号的行为特征

➢ 忠诚、可靠，重视群体，喜欢在团队中的亲密感和被接纳、被保护的感觉。

➢ 典型的传统人物，个性相当组织化，有责任感。

➢ 在令他们安心的群体中，他们会支持他人成长，分担别人的困难。

➢ 为人谨慎、警惕，时常保持高度警觉性。

➢ 焦虑、猜疑，不轻易信任人，但一旦找到可以依托的对象，便会坚定崇拜。

➢ 以团体的规范为标准，若有偏离正轨者，会严厉地批评、责备他们。

➢ 易怒、脾气失控，会故意激怒别人进行试探。

➢ 情绪起伏不定，有时非常顺从，有时猛力反抗，让人难以捉摸。

➢ 个性冲动，犯错后却往往难以认错。

➢ 在敌人面前时，因为有攻击对象可供发泄怒气，特别觉得精神百倍。

➢ 权威主义，固执而强硬，部分人会有暴力倾向。

5. 6 号的潜在因素

他们早年认定世界充满了威胁和破坏性，所认不断地用猜疑、试探、想象去求得安全的保护罩。为了生存，他们认同一个团体，希望在这里获得接纳、安慰。他们需要有权威者来指导方向，这样便会安心交托自己于群体中，向团体奉献耿耿忠心和干劲。

6. 6 号的个性优势

➢ 忠心耿耿、诚实可信，只要有一个让他们安身立命的奋斗目标，他们便可以完完全全地放下自我，鞠躬尽瘁，死而后已，是十分忠诚的干将。

➢ 面对危机和敌人时，“反恐惧”（counter - phobic）型的 6 号会勇于克服危险、正视恐惧，采取“先下手为强”的果断战略，将对方杀个措手不及，以全力保护团队的安全；他们坚强无比的抵御性，在危急关头能发挥最大的力量，是统率万军的“头儿”。

➢ 感官敏锐，警觉性高，能觉察到潜伏的危机。

➢ 做事负责、细心、慎重，对下属要求高，能带领团体共同动作。

➢ 诚恳热心，乐意为朋友付出，重视团体价值，与他人互相依赖并且平等地合作。

➢ 忠于领袖赋予的信念，循规蹈矩，不偏离团体轨迹。

7. 6 号的个性缺陷

➢ 不断猜忌导致破裂；

➢ 过分恐惧、逃避现实；

➢ 盲目崇拜权威；

➢ 自我怀疑。

8. 6 号个性解析

➢ 世界观："这个世界危机四伏，真理往往被隐藏，人心难测，遇人不慎，就会被人利用和陷害，我渴望能找到我信任的同道中人！"

➢ 潜在恐惧：被人遗弃和受孤立，对人和事缺乏安全感。

➢ 潜在渴望：感到安全和受保护。

➢ 恐惧型：渴望受到保护和关怀，为人忠心耿耿，但多疑过虑，怕出风头，怕生事端，怕自己力不从心，怕人虚伪，口是心非，怕事与愿违。

➢ 抗恐惧型：为了要证明自己无惧而作出相反的行为，有先发制人，后受制于人的行为心态，疑心大。

➢ 注意力焦点：危险和权威。

➢ 自我保护机制：事先预演，凡事先考虑最坏可能。

➢ 会比人强的智能：逆境智商。

➢ 个人执念和难以驾驭的陋习：恐惧，焦虑，疑心太重。

➢ 个性倾向：内向，主动，忠诚，保守。

9. 6 号人际风格

➢ 沟通风格：重礼节、谨慎、详尽、不直接、疑问较多。

➢ 身体语言：防守式，行动慢的比较多，肌肉拉紧，双肩向前弯，刻意挺起胸膛。

➢ 面部表情：拥有警觉性高眼神，神情里常有焦虑和不安的表情。慌张，避免眼神接触，瞪起眼睛盯着人。

➢ 语气语调：低沉、节奏慢。讲话：声线微带颤抖，久不入题。讲话：故意粗声大气，兜兜转转，不入正题。

➢ 常用词汇："慢着，等等；让我想一想；不知道；唔……；或者，可以的；怎么办"。

➢ 领导方式：以人为本，是一位忠诚的政策执行者，循规蹈矩，善于自我保护和处理危机，会建立具有防御性的领导模式，能以"置之死地而后生"的策略去领导下属和处理问题。

➢ 典型价值观：生于忧患死于安乐，从最坏处着眼，凡事预则立，务实，稳健。

➢ 典型人物：保守型6号：张学友，惶恐；进攻型6号：曹操，先发制人，宁可我负天下人，不可天下人负我。

10. 6号个性变化

(1) 处于顺境时：表现出9号的优点

➢ 乐观、稳定、善解人意。

➢ 愿意付出，团队意识强。

(2) 处于逆境时：表现出3号的缺点

➢ 不想做小事，只想做大事。

➢ 急功近利，冲动。

➢ 给人冷漠无情之感。

(3) 6号提升到9号的策略

➢ 多做运动，将精神由脑袋转移到身体，这样便不会太“上脑”。

➢ 不要单做“智能”的成长，“身体”的成长也同样重要。

➢ 多用想象力于生命的环节上：如幻想自己身处于开心的地方及处境。

➢ 听取朋友的意见和回应。

➢ 抽出一些时间去回忆自己过去的成就及欣赏自己的能力。

➢ 多练习对人的信任及对事有信心。

➢ 接受自己的疑惑及矛盾心。

➢ 留心自己及时将思想代替行动，相信自己内心的强烈感觉。

➢ 留心自己放弃权力的时候，多练习运用自己的权力。

➢ 当与人争辩时，问自己我为何在争辩，是否刻意地反驳当权者，别人讲的是否有理？

7号：活跃、善变型

1. 7号的个性特点

当察觉压迫感来临时，我通常以活动来逃避，不愿面对；坦率自信；朋友众多；聪明；乐天派；多才多艺，兴趣广泛，理想主义者，喜欢探索新鲜事物，深知自我娱乐之道。不能吃苦；花心；精力充沛；怕束缚；天生热爱自由，讨厌规则，等级观念淡薄；不够坚持；做事缺少耐心；逆商不高；过程很重要，结果不重要；精力充沛，贪食、惰性、不知足，及时行乐、以自我为中心，很少顾及他人感受，反叛；目标不清晰，无承诺感，大话西游。

2. 7 **号的案例**

我是一个摄影师，我的足迹遍及全世界。因为我喜欢挑战，一件事一旦做过，就不再有兴趣。我不喜欢重复的东西，那让我感到无聊，所以一洲走过一洲，一个文化走过一个文化，拍摄的照片涉及不同文化、人种、情境。什么我都尝试，甚至坐过破冰船去北极，拍摄极光的照片，也去过非洲的原始部落，跟当地人生活在一起，我也去过阿根廷，学习浪漫热情的阿根廷探戈。我可以很快融入当地的文化，和原住民一起跳舞、吃奇怪的菜，什么都难不倒我。

对我来说，生命是一连串的挑战、冒险和刺激。我就是喜欢一样接一样地玩，这让我快乐。我没有办法待在同一个镇上，一辈子做同样的工作，直到老死为止，我一定会疯掉。我喜欢像小鸟一样，自由自在地飞舞，或是像风，吹到东又吹到西——这个世界太大、太有趣了！我才不要困在一个地方一辈子，那样太恐怖了。

我也尝试过朝九晚五的工作，不过两个礼拜就辞职了。我无法忍受整天被别人吆喝，还要忍受他对我嫌东嫌西。我看不出来自己哪里比他差，凭什么要屈居他之下？我也受不了什么事都要一板一眼，连办公桌上的摆饰都要管、讲电话的时间也要管，太没自由了。最后我决定过自由自在的生活，靠自己的本领赚钱，不看别人的脸色。

现在，我的生活又热闹又有意思。我到处交朋友，有很多有意思的朋友；不要说各行各业了，因为工作的缘故，我也有来自各文化的朋友。我时时都有派对、舞会可以参加，生活一点也不无聊；有时和他们喝下午茶、吃饭，了解他们的背景，听他们告诉我有趣的事情；有时候干脆跟着他们跑，我就跟着做记者的朋友跑了几次新闻；也同在饭店的厨师的朋友学了两招。

我的兴趣很广泛，我的工作虽是摄影，可是我无法整天和照相机在一起，把所有的时间花在摄影技巧、艺术性质的研究上，我前一阵子的兴趣是写诗，在有这种念头的时候，我还兴致勃勃地买了印刷精美的笔记本。不过写了几首诗后，就觉得索然寡味，整天无病呻吟似的，呻吟几次也就够了。

后来我迷上网球，买了上好的球拍和运动衣、鞋后，我忽然发现打网球需要锲而不舍的练习，一个发球动作就需要上百次的挥拍练习，搞得我浑身酸痛也就算了，问题是太无聊了。现在我迷上了写社论，我对这个社会有许多想法、愿望和展望，希望推动社会付诸实现，这挺符合我的个性，提供意见和想法是我最在行的事，不过要执行的话，恐怕要另请高明，因为我不喜欢被困在一个地方太久，也不喜欢肩上有担子压着。

若说到我的恋爱关系，我是抱定了不婚主义。我不认为一个女人能有那么大的魔力，让我一辈子只执著于她。一个再怎么有趣的人，相处许多年后，等到蜜月期过后，有趣的面目都看光了，两个人死绑在一起有什么意思呢？所以不要互相折磨。我现在交女朋友，最大的原则就是她愿意和我一起追求快乐的生活。我也会让她快乐，我的生活随时都有新鲜事，充满刺激，只要她愿意随我的步调起舞，我们一定可以是一对翩翩起舞的花蝴蝶。不过，要是她愚蠢到过腻了快乐的日子，反而要求数不清的责任，要我准时回家、向她报备、节日一定要记得送红玫瑰，我一定跟她分手。我也绝不要小孩，小孩是一种负担，我不想负这个责任，这个责任太大了，我负担不起。

总之，人生苦短，何必这么严肃呢？何必让自己活在坟墓里，跳跳舞，快乐地大玩一场嘛！佛家说“无常”，谁知道这个世界会怎么样？还是痛痛快快地活着才重要，也不枉来这世界走一遭。

3. 7 号个性描述词

个性描述词：乐观积极、活泼好动；幽默风趣、生机盎然；聪颖灵活、兴趣多样；洒脱无拘、随心所欲；多才多艺、社交广泛；放任有余、适机善变。

4. 7 号的行为特征

➢ 活跃好动、热情洋溢、生机勃勃，就算一把年纪，看来亦非常年轻，好像有用不完的精力似的。

➢ 开朗迷人、好奇心强、有想象力、大方可爱。

➢ 率性自然、不造作，有时表现得像个小孩一般。

➢ 能带给周边的人欢乐，是令人喜悦的人物，敬畏并欣赏生命中的种种景致，懂得享受生命，不会怨天尤人。

➢ 实际而具有创造力，能有所创作，多才多艺。

➢ 喜欢多姿多彩、充满刺激的生活和人际关系，对感官的需求特强，嗜好美食、纵情色欲、留恋刺激的身体接触。

➢ 喜欢自由、不受拘束、不爱尽义务，人生目标就是及时行乐。

➢ 头脑灵活，学什么都比别人快，但不会深入钻研，因为兴趣太广泛，很少成为单一领域的专家。

➢ 对人没有耐性，不会认真聆听别人的问题，会避开一切难题和痛苦，好像与他们无关似的。

➢ 爱与人调笑、把酒言欢，以享乐为头等大事，做事不负责任。

➢ 自我中心、行为幼稚、任性、不成熟、不守规则。

➢ 如果受到别人干预会变得十分愤怒、狂躁失控、顽固偏执。

➢ 逃避现实，不想面对烦恼，只想躲进想象的世界中，无法善对焦虑。

➢ 爱走捷径，妄想不劳而获。

5. 7 号的潜在因素

想要更多快乐，自娱娱人，欣赏生命中美好的一面，并借此逃避不想面对的阴霾，成了他们生存的动力。

6. 7 号的个性优势

➢ 善于铺排、累积人际关系，而且以其高度敏感的天赋，很快便能辨识哪些人对他们有帮助。

➢ 因其乐观、开朗、好动的个性，吸引到不同类型的人跟他们交朋友，是天生的公关料子。

➢ 聪敏灵活，学什么都很容易上手，多才多艺，而且善于表现出来，让人赞叹其才华，并获得公开的肯定。

➢ 善于在人前带来快乐，让人喜爱，有助舒缓紧张气氛。

➢ 喜欢受人赞誉，爱表现自己，所以会致力于争取一些成就和社会地位，但他们不肯吃苦的本性又往往会限制他们的成就。

➢ 不惧怕且钟情冒险，只要认为信念正确，会不顾后果地采取行动。

➢ 创意丰富，点子多多，但与艺术型的 4 号不同，他们的创造力较容易在商业社会上获得良好的回报。

➢ 办事能力卓越，只要他们肯坐定下来，可以同时兼顾多项不同类型的工作并且干出成绩。

➢ 接近现实，不爱空想，关心的事情都属于世俗的，所以予人容易沟通、了解、不唱高调的感觉，因此与一般人没有多大隔膜与距离。

7. **7 号的个性缺陷**

➢ 逃避义务，放纵任性。

➢ 朝三暮四，不重承诺。

➢ 肤浅幼稚。

➢ 缺乏忍耐力。

8. **7 号个性解析**

➢ 世界观：“这个世界充满了奇幻、刺激的事情和体验，就让我在有生之年，尽量探索拥有的这些东西，使我的人生变得丰富多彩!”“我喜欢探索新领域，甚至渴望那些从没有人想过会做的事!”

➢ 潜在恐惧：自己的时间和空间被人占用，受人制约。

➢ 潜在渴望：能开开心心，无拘无束地去寻找乐趣。

➢ 行为动机：外向好动，活泼开朗，精力充沛，兴趣广泛。爱玩，贪新鲜而怕作承诺，渴望拥有更多，倾向逃避烦恼、痛苦及焦虑。

➢ 注意力焦点：乐趣和计划。

➢ 自我保护机制：合理化，为自己找借口。

➢ 会比人强的智能：情绪智商及创作智商。

➢ 个人执念和难以驾驭的陋习：贪玩，心眼多，而且不专一。

➢ 个性倾向：外向，主动，贪玩，乐观。

9. **7 号人际风格**

➢ 沟通风格：习惯于闲谈式沟通，不大着意、即兴，常常忘掉谈话的目的。身体语言：神采飞扬，笑容亲切，行动敏捷，不断转动身体，坐立不安。

➢ 面部表情：目光明亮、机灵转动快，大笑或不笑，很少微笑，有不屑的表情，有时瞪眼望人。

➢ 常用词汇："管他呢、爽、用了/吃了/做了再说。"

➢ 领导方式：团体式领导，喜欢变革创新，他们具有乐观积极的领导风格，能发掘下属的发展潜能，善于笼络人心，做人做事没有固定的模式。

➢ 典型价值观：创新是第一生产力，快乐工作，快乐生活

➢ 典型人物：周伯通、傻根、洪七公、曾志伟。

10. 7 号个性变化

(1) 处于顺境时：会表现出 5 号的优点

➢ 创新、专注，独自有效地工作。

➢ 精力旺盛，学习能力强。

(2) 处于逆境时：会表现出 1 号的缺点

➢ 挑剔、谨慎，顾虑过多。

➢ 古板，不会弹性处理事务。

➢ 情绪化、急躁。

(3) 7 号提升到 5 号的策略

➢ 考虑学习静坐冥想，明白到成长过程也有沉闷的一刻，接受这是人生的一部分。

➢ 练习完成一件事再开始另一件事。

➢ 学习接受批评及矛盾。

➢ 控制自己要"解决"问题的冲动。

➢ 留心自己小看那些比自己差的人，或自以为比一些不够自己活跃及乐观的人强。

➢ 明白到乐趣只是故事的一半，提醒自己可能只知道事情的一半，或许要清楚什么是痛。

➢ 不要被层出不穷的意念所吞食，学习慢一点去欣赏每一件事的起、承、转、合。

➢ 学习自律，做事要有条理，编排好工作优先次序。

➢ 小心自己自圆其说的习惯，特别是如果事情涉及的是解释自己的失败或道德操守的失误。

8 号：控制、强权型

1. 8 号的个性特点

霸道；喜欢控制大局；喜欢有很多人追随他；遇到问题立刻解决；脾气暴躁，不懂温柔，但在家里可以表现得和善。彻底的自由主义者，敢冒险，是掌舵人、创业者、固执、支配性，热情助人；遇强则强，遇弱则弱；以自己的方式行事，感觉迟钝，忽略他人的感受；激励别人，决不拖泥带水；对人防卫性强，不让人接近，强化外壳，防止受伤。

2. 8 号的案例

我是一家公司的总经理，带领一群员工打拼，总是可以做出很好的业绩。我们在业界也颇富口碑，因为我非常清楚自己的方向、专长还有专业能力，所以我们公司做出来的东西绝对是最好、最有水准的。当然，偶尔也会有人恶意批评，不过他们纯粹是要打击我们，因为我们提高竞争能力的水平实在太强了——他们那种胡混一通的经营方式才笑死人呢！

我是总经理，公司里的员工当然都靠我，我也有责任保护他们的生活。事实上，我可以感觉得到他们都很需要我——不只是员工，身边的人亦然——因为我有很强的力量可以保护他们，让他们活在我的大伞下，过着无忧无虑的日子。只要有人欺负他们，被我知道，就等着瞧吧，我绝不会放过那些浑蛋，同时让他们知道欺负别人是要付出代价的。

虽然我自认尽力，为别人带来最大福祉，可是他们常让我感到莫名其妙，令我火冒三丈。他们好像喜欢和我过不去，老说我侵犯、攻击他们，完全不想一想我为他们做那么多事，尽力为他们谋求最大利益。这不过是直话直说罢了，我非常不能忍受别人说话迂回曲折。说不到重点，甚至毫无意义地拍马屁。这时候我往往直接把他们撵出去，因为实在太浪费我的时间。我非常讨厌伪君子，那些家伙一点勇气也没有，只敢在别人背后耍心眼，为什么不敢直接诚实地面对我呢？我瞧不起不敢直接面对我的人，如果敢直接面对我，即使和我的立场相对，或是说出我不爱听的话，我也会敬重他。

既然我管理一间公司，当然一切都要照我的方式，我总是告诉我的员工：如果不照着我的方式，那就别做了。如果有问题要立刻汇报，不要在背后做小动作。如果有人在背后搞鬼，我绝对跟他说再见；如果有人令我生气，我绝对让他知道我多生气。

我喜欢挑战、喜欢赢的感觉、喜欢享受有力量的感觉。即使在办公室直接对人，我也不会犹豫；如果有需要，我会直接告诉对方我的感觉，而不会顾虑他的自尊心。生活在这个世界，就是要有胆量、力量。如果你很软弱，那你总是活该被人欺负，我绝不会同情的。

如果不是我的朋友，就是我的敌人。如果没办法让我信任，就是我的敌人，一旦成为我的敌人，我绝对会不惜代价让他知道，当我的敌人是很痛苦的，他选错边了！凡是我想要的，我就会不惜代价得到它。任何妨碍我的东西，一定会被我毁掉。我不会天真地等待奇迹出现，一切都要自己争取。

我不喜欢听别人的指挥，不喜欢有人爬到我头上，不喜欢被人瞧不起、看轻，不喜欢意见不受重视，不喜欢身边的人受到不公平的待遇。平常我可以很享受生命，一旦遇到这样的情况，就得更强硬，一直到对方知错为止。不过，如果我喜欢此人，认为他是我“身边的人”，一定会对他很好，尽一切的力量保护他，甚至可以为他和别人作战——只要他不背叛我、在背后搞鬼。

其实，除了工作以外，我也喜欢享受生命。我常点一大桌的好菜，包括龙虾、鱼翅、生鱼片等高级美食，高兴地大吃一顿；我也爱好酒，每天一定要喝几杯威士配奥地利水晶杯。有时候我喜欢把一群朋友请到我的别墅，我知道我有很好的品位，而大家也都这么说。我不吝啬钱，喜欢一次买七八套西装、十几瓶酒、请客要五星级饭店。大口吃肉、大口喝酒，这是我要的淋漓尽致的生活。

3. 8号个性描述词

个性描述词：强权霸气、善于决断；刚正不阿、果敢干练；意志顽强、精力充沛；乐于挑战、仗义担当；线条清晰、纵横捭阖；专横有余、主观武断。

4. 8号的行为特征

➢ 宽大、自我约束、勇敢，可能是英雄，并在历史上成为大人物。

➢ 有主见、有自信、刚健坚强，是天生的领导者。

➢ 意志力强，不达目的誓不罢休，为此可能不惜付出一切代价。

➢ 具冒险心、不畏艰难，爱好挑战，是出色的事业家。

➢ 激进、偏执、一意孤行，具攻击性、煽动性。

➢ 善于激励他人，给人明确的奋斗目标和要求。

➢ 好战，易与人产生敌对关系，不惧关系破裂。

➢ 不让自己生活在空白中，只要有事情做，立刻全身充满活力。

➢ 独立自主，喜欢自己解决难题，亦要求别人为自己负责任。

➢ 信奉“优胜劣汰”的道理，不会同情弱者。

➢ 凡事喜欢干净利落，对婆婆妈妈唠叨的人没有耐性。

➢ 爱帮助别人，尤其是不利的一方，不过其帮助的形式通常会让人觉得被迫接受。

➢ 追求正义及真理，甚至不惜与人决裂。

➢ 爱吸收知识，自我提升，知错能改，自省力强。

➢ 暴躁，有时会发脾气，但很快便没事，然而却会予人阴晴不定、难以捉摸的感觉。

➢ 有仇报仇，赶尽杀绝，打压异己不遗余力。

➢ 粗野，同情心较弱。

➢ 对家庭很忠诚及包容，会全心全意保护家人。

5. 8号的潜在因素

他们很早已发现，要在这个充满竞争、威胁的世界生存，必须培养出钢铁一般的超人能力和意志，强者才是最后的赢家，所以他们不期望别人喜爱自己，只求获得别人的尊重。在早年的家庭经历中，他们多是公然与父母、长辈对抗的叛逆分子，不过这并非因为他们天性顽劣，而是出于对自立自主的诉求而已。

到成年以后，他们锻炼出一种坚定不移的自信，相信自己的卓越能力考核成绩和决断力，鄙视弱者，因为他们坚信每人都要为自己的际遇负上最后的责任。

6. 8 号的个性优势

➢ 富有领导才能、组织力，能激励团体中的成员全力以赴，为目标奋斗，而且能够以身作则。

➢ 有决断力，作了决定就不会轻易改变。

➢ 无惧艰难，遇到问题立刻思考解决方法，不会为情绪所左右，能处理很大的危机。

➢ 可以承受极大的精神压力。

➢ 对付敌人毫不手软，会给予对方致命一击，斩草除根，是战场上的猛将。

➢ 对自己喜爱的人会尽心尽力地保护，绝不计较付出多少。

➢ 维护正义，不平则鸣。

➢ 斗志旺盛，永不言败，就算失败了，也会总结经验迅即东山再起。

➢ 有开创力，不依循既定框框，在事业上会突围而出。

➢ 处事效率极高。

7. 8 号的个性缺陷

➢ 纵欲。

➢ 复仇心重。

➢ 专横跋扈。

8. 8 号个性解析

➢ 世界观：“我是天生的强者，充满正义感，除强扶弱，打抱不平，向我臣服者，将会得到我的庇护！”

➢ 潜在恐惧：被人支配和指挥。

➢ 潜在渴望：自己当家做主。

➢ 行为动机：渴望在社会上与人群担当领导者，个性冲动，权威自信，有正义感，自强不息，爱出风头，喜欢替他人做主和发号施令，但不喜欢被人发现自己软弱的一面，不喜欢被人嘲笑和向人低头。

➢ 注意力焦点：权力和正义。

➢ 自我保护机制：否认自己的弱点。

➢ 会比人强的智能：逆境智商。

➢ 个人执念和难以驾驭的陋习：贪婪，纵欲，充满权力欲。

➢ 个性倾向：外向，主动，冲动，乐观。

9. 8 号人际风格

➢ 沟通风格：直截了当，有力度，唯我独尊，不客气。

➢ 身体语言：行动快、动作大，不拘小节，昂首阔步，自视甚高，目中无人，喜欢指手画脚教导别人。

➢ 面部表情：说话时直视对方，目光坚定而有威严，七情上面，多变化。

➢ 语气语调：声线嘹亮，肯定，有他说没你说，直接入题，声如洪钟。

➢ 常用词汇："喂，你……；我告诉你……；为什么不能；去；看我的；跟我走"。

➢ 领导方式：强势领导，专制，富有对抗性，率直而不客气，家长式，有时会用独裁、严厉的领导方式。

➢ 典型价值观：追求一统江湖，为有牺牲多壮志，敢叫日月换新天。

➢ 典型人物：李小龙、毛泽东。

10. 8 号个性变化

(1) 处于顺境时：表现出 2 号的优点

➢ 乐于助人。

➢ 重感情，凡事有耐心。

➢ 愿意承担工作责任。

(2) 处于逆境时：表现出 5 号的缺点

➢ 遇到不顺的事情，说话不考虑别人的感受。

➢ 情绪不稳定、易怒。

➢ 人际关系紧张。

(3) 8 号提升到 2 号的策略

➢ 留心自己责备别人的坏习惯。

➢ 把每日的反省写下来，可避免自己“否认”及“忘记”。

➢ 学习接受沉闷及恐惧，不要着急去争取即时的满足感。

➢ 注意自己的“过量”行为是否是一个逃避去做事的方法。

➢ 问身边的朋友或同事，“我是否过分了？”

➢ 当见到自己的愤怒事，便知道要放松及深呼吸几次。

➢ 开始静坐冥想，特别当自己有冲动想起身时，应继续静坐。

➢ 不要自己破坏自己的人际关系，相信今日的因会是明日的果。

➢ 问自己这个“仗值不值得打？”问自己“愿意承担这些后果吗？”

➢ 用方法找出别人的天分，然后鼓励他们与自己并肩作战，找出别人的优点及可能性而不是缺点及不足。

9 号：和谐、迟缓型

1. **9 号的个性特点**

不爱做决定，别人说什么他都说好；谁也不得罪；不轻易给别人建议；是生活中的润滑剂，聆听者；甘于现实，不求调整，为人被动；对生命表现得不甚热衷，自我意识弱，常将专注力放在别人身上。依附自动化习惯；容易分散注意力。有强烈的宿命论，因此一切听天由命；强调别人处境的优势，逃避面对问题以及面对自己，过度适应；遇到问题逃避，越老脾气越坏。

2. **9 号的案例**

我是一个普通公司的职员，主要做行政的工作。在公司里还蛮有人缘的，大家好像都挺喜欢和我接触、聊天，似乎认为我是不错的倾听者，可以看到事情的正反面，不会过于武断。所以，公司里有问题时，都喜欢找我帮忙调停。

我心中有一块平静的角落，不管发生什么事都打扰不了我。自我信奉佛教以来，更是如此。我对寻找更高层次的平静一直很有兴趣，和天地宇宙达到和谐全一的状态，更是我长久以来的心愿。我和朋友、家人、同事相处，是以“万事和为贵”为原则，能退让就退让，让别人占一点便宜也没什么，只要对得起自己的良心就可以了。

因此我与他人之间的相处，总很平滑、平顺，我这辈子大概没有和人结过仇吧。有人说愤怒是一种毒素，冲突亦不可取，我们应该克制自己的情绪。活在绝对的平静安详中，完全不受扰动。我想我的生活就是如此，即使偶尔想起不高兴的事，我也叫自己放下，不要再想它。或者我会去诅咒，仿佛又可能进入一种完全不受干扰的虚空状态。

我喜欢轻松、放松些，所以平常休息的时间，非常注重休闲活动，毕竟平日那么努力工作，总要给自己找点平衡。我常游泳、种花、和朋友下棋，甚至订了三种关于旅游和汽车的杂志，闲来无事就仔细研究一番。我在客厅里有一个超大屏幕的电视，工作完就靠在长沙发上，吃着美味的菜肴，享受着高科技的成果，然后便觉得一天的疲劳尽除，非常愉快。

我也有收集的嗜好，年轻时我集邮，每次有新的邮票出来，就算是排队几天几夜也要买到；现在则喜欢收集唱片，我有一套设备齐全的音响，什么音乐都听，听到别人说好听的，就买来收藏，每天晚上靠在长沙发上悠闲地听音乐，真是一大享受。最近我儿子迷上遥控车，我也觉得挺好玩的，所以会给他钱去买，甚至主动帮他收集资料，在客厅挪出一块专门展示遥控车的空间，父子俩玩得不亦乐乎；当儿子说我很了解他时，心里就感到骄傲。不过，我太太有点意见，她认为我太宠小孩，其实小孩子有自己的兴趣有什么不好？总比整天叛逆、吵架好吧？

不过，为了家庭的和乐，我还是稍有收敛。儿子当然不高兴啦，我说："我有什么办法？你妈妈这样说，我不想和她吵架，你自己找她讲，不过做人家儿子，也不要太拗了。"我和太太结婚到现在十年，没有吵过架，她要什么我都依她，家里大小事都让她做主，毕竟怕老婆的是大丈夫，一切以和为贵。我也是她的垃圾桶，她心情不好时，找我倒一倒，心情就好些了。

有时候我若当别人的垃圾桶，她倒很生气，总会阻止。朋友要来家里打牌，会被她骂走，有时候我觉得这样也挺好，我依旧可以舒服地感受我的平静、安详，他们要怎么就随他们去；只是有时觉得没面子，但是为了家庭的和乐，只好算了，依旧读杂志、听音乐、躺在舒适的太空科技床上，舒舒服服地睡觉好了，随她去吧。

不管日子怎么过，我仍旧抱持乐观的态度，事事看好的一面。不好的一面就别想，想了也只是给自己徒添烦恼。我也不要太太支持自己的想法、主见，毕竟自我是种祸害，而我追寻的是我和宇宙间更加和谐。

3. 9 号个性描述词

个性描述词：有求必应、心态平和；和蔼可亲、稳定友善；平缓松弛、知足常乐；与世无争、豁达超脱；善于协调、重视和谐；随和有余、迟缓低效。

4. 9 号的行为特征

➢ 自制、自律、平静、满足、温和，不会发脾气，如是男孩子会很拘谨，若是女孩子则经常笑得甜甜的，很逗人喜爱。

➢ 偏爱隐藏自己，不会争名好利，不爱出风头和邀功。

➢ 温柔、有耐性，亲切，乐意支持他人、聆听别人的问题。

➢ 是个很好的调解员，能站在两边为对立的双方说话。

➢ 感受深刻敏锐，不忸怩，让人安心放松。

➢ 对自己要求不高，也不会要求别人。

➢ 懒懒的，经常一副无所事事的样子，不是在看电视、睡觉，就是在吃东西。

➢ 动作缓慢，欠缺动力。

➢ 不会直接表现敌意，冷淡倔犟。

➢ 非常没有主见和决断力，会胡乱顺从别人的意见，或模仿别人的语气动作。

➢ 很容易分散精力，要依赖别人督促提醒才可以将工作完成。

➢ 常常自我遗忘，顺从别人的需求而调整自己，失去个性。

➢ 接受传统角色与期望，听天由命，得过且过。

➢ 为了缓和对立面而粉饰问题，俨然一切都是注定的，不能做什么事来改变处境。

➢ 信赖别人，但也依赖别人，不够独立自主。

➢ 自我压抑，怠慢疏忽，怯懦退缩，消极被动。

5. 9 **号的潜在因素**

他们不是不会愤怒，只是当怒气出现时，他们本能地将之往后拉，以隐藏具有破坏力的愤怒，不让它展露出来，这样他们便可以重新归属于一个与人无分离的世界中，同时保持内心的平和安静。他们在童年时有被长辈忽略的经历，学会忘记自己，尽力迎合他人，借此博取别人的喜爱，维系人际之间的和谐。

6. 9 **号的个性优势**

➢ 有同情心，而且会支持人，因此换来别人的信任，吸引人与他交往。

➢ 有耐性，肯倾听别人的疑难，并有能力稳定他人的情绪。

➢ 不苛求别人，反过来说更能认同别人。

➢ 触觉敏锐深刻，有移情作用，无须别人详细表达已能明白其感受。

➢ 愿意为事情和问题负责任，然而其罪疚感又会使其沮丧麻木，退缩不前。

➢ 亲切而肯妥协，有调解纷争的本领。

➢ 能平等对待不同身份、类型的人。

➢ 冷静平和，不会妄下断语。

➢ 善于累积资讯、注意细节。

7. 9 **号的个性缺陷**

➢ 自贬、懒散怠情。

➢ 冷漠、麻木不仁。

➢ 怯懦、逃避问题。

8. 9 **号个性解析**

➢ 世界观：“船到桥头自然直！”“只要我们保持冷静，顺其自然，对人宽松一些，万事都有解决的方法！”“忍一时风平浪静，退一步海阔天空！”

➢ 潜在恐惧：与人群疏远。

➢ 潜在渴望：与人和平共存并接纳他存在。

➢ 行为动机：渴望人人能和平共处，怕引起冲突，怕得罪别人，怕左右为难。他们不争名夺利，个性温和，与世无争，爱好大自然，不好出位，往往给人一种懒惰、没有个性、慢条斯理和满不在乎的感觉。

➢ 注意力焦点：和平和平静。

➢ 自我保护机制：麻醉自己。

➢ 会比人强的智能：情绪智商，创作智商。

➢ 个人执念和难以驾驭的陋习：懒惰，无主见。

➢ 个性倾向：内外，被动，乐观，随和。

9. 9 号人际风格

➢ 沟通风格：习惯试探式沟通，点到即止，仿佛没有中心思想。

➢ 身体语言：柔软无力，东歪西倒，节拍较慢。

➢ 面部表情：目光退缩、游离，悠然自在，朴实无华。

➢ 语气语调：声线低沉，轻但圆润，节奏慢，说话含糊，会拖着尾音，有的是“应声虫”。

➢ 常用词汇：“随便啦/随缘啦；你说呢？让他去吧；不要那么认真嘛”。

➢ 领导方式：无为而治，集体式领导，以人为本，顺其自然。

➢ 典型人物：周恩来、里根、印度国父甘地。

10. 9 号个性变化

（1）处于顺境时：表现出 3 号的优点

➢ 积极主动、坚韧不拔、效率高。

➢ 表现欲强，创造力强。

➢ 充满激情与活力，注重目标。

（2）处于逆境时：表现出 6 号的缺点

➢ 退缩、被动、逃避。

➢ 过于依赖权威。

➢ 犹豫不决而失去机会。

（3）9 号提升到 3 号的策略

➢ 养成每日写下自己将要做些什么的习惯，每天结束前重温自己做了些什么。

➢ 与一些鼓励你表达自己感受的人一起。

➢ 避免自己小看自己，不要以为别人比自己聪明。

➢ 留心自己不知不觉地同意别人的想法，问一问自己的观点是什么？想法是什么？

➢ 注意自己的固执及反抗，倒不如清楚讲出自己不同意的是什么。

➢ 停止问“接着我要做什么?”倒不如问：“我接着要完成什么”，无论有多少工作要做，最重要是自律地完成眼前的工作。

➢ 缩窄焦点，这样更能专注地去完成每一件事。

➢ 不要再迎合每一个人的意见。

➢ 留心自己对于改变的不自在，开始接受世事常变。

➢ 定下目标，写下行动计划，有清楚的时间限制及找人支持自己的目标。

第3章

科学检测自己的类型——九种个性测评

通过第二步理性判断的测评题，测得分数最高的为自己的个性类型。假如在这一步骤测得分数有两个是相同或相近的，那么我们就要进行下一步。

如何使用测评卷——测前说明

九种个性是经验的总结，是长时间传承下来的有用知识，但是还没有得到科学的验证。种种真实的故事、种种真实的自述告诉我们，对人群的个性的分类应该是可行的，我们将努力从感性认识过渡到理性认识。在这里，借助心理测评的方法探索科学识别九种个性的可能性。

➢ 测评的目的仅限于检测个体对某种情形的倾向度，选项均无正确或错误之分，只与个人的兴趣、态度和倾向等相关。没有情感色彩的客观选择，是保证测评真实准确的基本前提。

➢ 本次测评共计270个测评项目，各有三个可选项（A、B、C），每个项目只能选择一个选项，尽量不选折中性答案，不可遗漏任何项目。

➢ 测评不计时间，只需依据个人的直觉反应快速作答，不要迟疑不决，拖延时间。

➢ 如有项目未曾思考过而感到不易回答，对此只需作出倾向性选择即可。

一套适合中国人的测评问卷

D 得分（　）

1. 我做事力求正确完美。

A. 是　　B. 不一定　　C. 否

2. 我喜欢井井有条地做每一件事情，否则，自己就会感到有负面情绪。

A. 是　　B. 不一定　　C. 否

3. 我对自己和他人做事的要求标准都很高，也经常拿自己和别人比较。

A. 是　　B. 不一定　　C. 否

4. 我会经常要求他人按照我的标准去做事情。

A. 是　　B. 不一定　　C. 否

5. 我一向坚持自己的评判标准，也不会轻易变更这些标准。

A. 是　　B. 不一定　　C. 否

6. 当我做错事后，我会很自责。

A. 是　　B. 不一定　　C. 否

7. 我认为控制细节是必需的，因为细节决定成败。

A. 是　　B. 不一定　　C. 否

8. 我很难接受别人马马虎虎的工作态度。

A. 是　　B. 不一定　　C. 否

9. 我原则性很强，非黑即白，没有灰色地带。

A. 是　　B. 不一定　　C. 否

10. 我经常压抑冲动和渴望，主张先工作，后享乐。

A. 是　　B. 不一定　　C. 否

11. 我是一个爱憎分明的人。

A. 是　　B. 不一定　　C. 否

12. 我心中有很多的“应该”和“不应该”。

A. 是　　B. 不一定　　C. 否

13. 我遵守规则，工作细致。

A. 是　　B. 不一定　　C. 否

14. 当我身边的人犯错误，而自己又无力去纠正时，我会感到有负面情绪。

A. 是　　B. 不一定　　C. 否

15. 当别人犯了错误，但又拒不承认时，我会感到有负面情绪。

A. 是　　B. 不一定　　C. 否

16. 别人不能完成他的分内工作时，我会有愤怒等负面情绪。

A. 是　　B. 不一定　　C. 否

17. 我经常挑剔自己，期望不断克服自己的缺点，以成为一个完美的人。

A. 是　　B. 不一定　　C. 否

18. 我对别人做的事总是不放心，批评一番后，自己会动手再做。

A. 是　　B. 不一定　　C. 否

19. 我是一个循规蹈矩的人。

A. 是　　B. 不一定　　C. 否

20. 我的工作态度非常端正。

A. 是　　B. 不一定　　C. 否

21. 我做事一丝不苟，严谨认真。

A. 是　　B. 不一定　　C. 否

22. 我会经常自我反省。

A. 是　　B. 不一定　　C. 否

23. 我有很强的是非观念。

A. 是　　B. 不一定　　C. 否

24. 我总是尽量做到公平，尤其是不让自己的私人感情影响客观的立场。

A. 是　　B. 不一定　　C. 否

25. 我认为，如果要完成好一件事情，组织性是非常必要的。

A. 是　　B. 不一定　　C. 否

26. 很多事情占据了我的精力，很难找到时间放松。

A. 是　　B. 不一定　　C. 否

27. 如果人们愿意听从我的意见，他们会做得更好。

A. 是　　B. 不一定　　C. 否

28. 对就是对的，错就是错的，没有什么例外。

A. 是　　B. 不一定　　C. 否

29. 我坚持把“是、非、善、恶”作为处理问题的原则。

A. 是　　B. 不一定　　C. 否

30. 我做事严格，力求把事情办得尽善尽美。

A. 是　　B. 不一定　　C. 否

E 得分（　）

31. 我很难拒绝有求于我的人，即使抽不出时间，也会牺牲自己成全他人。

A. 是　　B. 不一定　　C. 否

32. 我很希望自己被别人接受和认同。

A. 是　　B. 不一定　　C. 否

33. 我对别人的需要很敏锐，通常不需要对方讲出我便能知道。

A. 是　　B. 不一定　　C. 否

34. 我喜欢学习一些能够帮助他人的东西。

A. 是　　B. 不一定　　C. 否

35. 我最大的问题是常以别人的需要为先，却忘了自己真正的需要。

A. 是　　B. 不一定　　C. 否

36. 我会称赞别人并让他们知道他们对我是有特殊的意义的。

A. 是　　B. 不一定　　C. 否

37. 我有时会有强烈的寂寞感。

A. 是　　B. 不一定　　C. 否

38. 通常我会知道别人的需要与感受。

A. 是　　B. 不一定　　C. 否

39. 我会尝试隐藏我的需要。

A. 是　　B. 不一定　　C. 否

40. 我喜欢谈论我的感情，并懂得如何让别人喜欢我。

A. 是　　B. 不一定　　C. 否

41. 我会借着对别人的付出来表现自己。

A. 是　　　　B. 不一定　　　　C. 否

42. 我认为赢得别人的好感是很光荣的事情。

A. 是　　　　B. 不一定　　　　C. 否

43. 我能经常看到别人好的一面。

A. 是　　　　B. 不一定　　　　C. 否

44. 我非常重视友情。

A. 是　　　　B. 不一定　　　　C. 否

45. 我是一个乐于赞赏别人的人。

A. 是　　　　B. 不一定　　　　C. 否

46. 我帮助了别人，对方却不懂得感谢时，我就会有负面情绪。

A. 是　　　　B. 不一定　　　　C. 否

47. “施”比“受”会给我带来更大的满足感。

A. 是　　　　B. 不一定　　　　C. 否

48. 我习惯于付出多于接受。

A. 是　　　　B. 不一定　　　　C. 否

49. 我很容易知道别人的功劳和益处。

A. 是　　　　B. 不一定　　　　C. 否

50. 当我付出时，别人如果不能欣然接受，我会有挫折感。

A. 是　　　　B. 不一定　　　　C. 否

51. 人们很乐意向我表白他们所遭遇的窘况。

A. 是　　　　B. 不一定　　　　C. 否

52. 我有时觉得自己对别人过分关怀了，相比之下忽略了自己。

A. 是　　　　B. 不一定　　　　C. 否

53. 我很容易相信别人。

A. 是　　　　B. 不一定　　　　C. 否

54. 在最佳状态下，我无条件关爱他人，不管他人是否对我的付出有所回报。

A. 是　　　　B. 不一定　　　　C. 否

55. 我喜欢家人和朋友围绕在我身边，我很愿意他们来找我寻求帮助。

A. 是　　B. 不一定　　C. 否

56. 我不是一个占有欲强的人，但是如果有重要的人离开我，我会感到难过。

A. 是　　B. 不一定　　C. 否

57. 我不认为我在控制别人，即使我偶尔这样做，那也是为了他们好。

A. 是　　B. 不一定　　C. 否

58. 将来有一天，我的亲朋好友会像我对待他们那样对待我。

A. 是　　B. 不一定　　C. 否

59. 当我见到邻居或新朋友争吵时，我总是予以劝解。

A. 是　　B. 不一定　　C. 否

60. 每逢过年过节或亲友结婚时，我喜欢赠送礼品。

A. 是　　B. 不一定　　C. 否

A 得分（　）

61. 我渴望事业有成。

A. 是　　B. 不一定　　C. 否

62. 我很重视自己的形象。

A. 是　　B. 不一定　　C. 否

63. 我奋力追求成功，以获得赞赏。

A. 是　　B. 不一定　　C. 否

64. 我对自己的能力充满信心。

A. 是　　B. 不一定　　C. 否

65. 我希望我所做的每件事都是成功的。

A. 是　　B. 不一定　　C. 否

66. 我相信这是个竞争的世界。

A. 是　　B. 不一定　　C. 否

67. 我会坚持自己的目标，为达到目标我可以克服许多困难。

A. 是　　B. 不一定　　C. 否

68. 我善于在不同场合中得到他人的认同。

A. 是　　B. 不一定　　C. 否

69. 别人觉得我是一个很有说服力的人。

A. 是　　B. 不一定　　C. 否

70. 我喜欢别人称赞我的能力。

A. 是　　B. 不一定　　C. 否

71. 我会不断提出新的工作目标。

A. 是　　B. 不一定　　C. 否

72. 我喜欢成为行动中的重要人物。

A. 是　　B. 不一定　　C. 否

73. 我有很强的好胜心。

A. 是　　B. 不一定　　C. 否

74. 我为自己过去的成就引以为荣。

A. 是　　B. 不一定　　C. 否

75. 我善于设定目标和进行决策。

A. 是　　B. 不一定　　C. 否

76. 当我缺乏明确目标无所事事时，我就会有负面情绪。

A. 是　　B. 不一定　　C. 否

77. 当身边出现妨碍我实现目标的任务和事件时，我就会有负面情绪。

A. 是　　B. 不一定　　C. 否

78. 我喜欢当主角，希望得到大家的注意。

A. 是　　B. 不一定　　C. 否

79. 我是个有目标，并会向目标努力迈进的人。

A. 是　　B. 不一定　　C. 否

80. 我努力上进，有时候很怕落后于人。

A. 是　　B. 不一定　　C. 否

81. 我会努力使别人认同和赞赏我的成绩。

A. 是　　B. 不一定　　C. 否

82. 在别人面前，我总是表现出乐观和进取精神。

A. 是　　B. 不一定　　C. 否

83. 我喜欢在公众场合成为别人瞩目的焦点。

A. 是　　B. 不一定　　C. 否

84. 我接受自己本来的样子，并且能诚实面对自己的才能和不足。

A. 是　　B. 不一定　　C. 否

85. 人们喜欢我的自信。

A. 是　　B. 不一定　　C. 否

86. 尽管大家不说，但我心里知道，他们都羡慕我。

A. 是　　B. 不一定　　C. 否

87. 我希望我做得最好。

A. 是　　B. 不一定　　C. 否

88. 如果事情出了差错，就应该改变策略，尽可能达到目标。

A. 是　　B. 不一定　　C. 否

89. 在一生中，我总觉得我能达到我所预期的目标。

A. 是　　B. 不一定　　C. 否

90. 我愿意跟有教养的人来往而不愿意同粗鲁的人交往。

A. 是　　B. 不一定　　C. 否

I得分（　）

91. 我时常觉得自己和别人不同，我是不平凡和独特的。

A. 是　　B. 不一定　　C. 否

92. 我拥有敏锐的感觉和审美的眼光。

A. 是　　B. 不一定　　C. 否

93. 当我不开心的时候，我喜欢独自一人来处理一些不开心的负面情绪。

A. 是　　B. 不一定　　C. 否

94. 被别人误解对我来讲是一件特别痛苦的事。

A. 是　　B. 不一定　　C. 否

95. 我对别人的痛苦具有深层且天赋的同情心，我会抛开自己的烦恼，去支持帮助在痛苦中的人。

A. 是　　B. 不一定　　C. 否

96. 有时我会不喜欢和人交往，尤其是和我不熟的人交往时，我会表现得沉默和冷漠，所以他们会觉得我有点神秘。

A. 是　　B. 不一定　　C. 否

97. 对不合我品位的人，我会表现出拒人于千里之外的态度。

A. 是　　B. 不一定　　C. 否

98. 我怜悯我自己。

A. 是　　B. 不一定　　C. 否

99. 我渴望别人有而我没有的东西。

A. 是　　B. 不一定　　C. 否

100. 我心中有很多梦想和理想，但有时我会很难去实现这些。

A. 是　　B. 不一定　　C. 否

101. 我特别容易被人生的哀愁和悲剧所感动。

A. 是　　B. 不一定　　C. 否

102. 我总是觉得过去比现在好，经常喜欢缅怀逝去的事物。

A. 是　　B. 不一定　　C. 否

103. 我需要情感上的依靠。

A. 是　　B. 不一定　　C. 否

104. 当亲密关系出现问题时，我就会有负面情绪。

A. 是　　B. 不一定　　C. 否

105. 我对人的直觉判断能力很强。

A. 是　　B. 不一定　　C. 否

106. 我行我素，很容易掉到自己的负面情绪中。

A. 是　　B. 不一定　　C. 否

107. 被人误解对我而言是一件十分痛苦的事。

A. 是　　B. 不一定　　C. 否

108. 我认为自己非常不完美。

A. 是　　B. 不一定　　C. 否

109. 初见陌生人时，我会表现得很冷漠。

A. 是　　B. 不一定　　C. 否

110. 我渴望拥有完美的心灵伴侣。

A. 是　　B. 不一定　　C. 否

111. 我很难找到一种我真正感到被爱的关系。

A. 是　　B. 不一定　　C. 否

112. 我的内心世界很丰富，多愁善感。

A. 是　　B. 不一定　　C. 否

113. 我时常被莫名的事物感动并随口道出很有灵性的语句来。

A. 是　　B. 不一定　　C. 否

114. 我对自己想要的东西及情感都非常敏感。

A. 是　　B. 不一定　　C. 否

115. 我是一个很敏感的人。

A. 是　　B. 不一定　　C. 否

116. 在最佳的状态下，我有很强的创造力。

A. 是　　B. 不一定　　C. 否

117. 我倾向于按直觉行事。

A. 是　　B. 不一定　　C. 否

118. 我能意识到自己的感觉，并努力诚实对待自己的感觉。

A. 是　　B. 不一定　　C. 否

119. 我有诗人般的敏锐气质，但这也常常给我带来忧郁和脆弱。

A. 是　　B. 不一定　　C. 否

120. 有时我会无缘无故的感到沮丧和痛苦。

A. 是　　B. 不一定　　C. 否

F 得分（　）

121. 我喜欢独立解决问题。

A. 是　　B. 不一定　　C. 否

122. 我喜欢一个人独自分析、思考问题。

A. 是　　B. 不一定　　C. 否

123. 我不擅长对他人说好听的话。

A. 是　　B. 不一定　　C. 否

124. 通常我不喜欢社交活动，在人际关系上显得比较舒缓并保持一种游离状态。

A. 是　　B. 不一定　　C. 否

125. 在众人的环境我会感觉不自在。

A. 是　　B. 不一定　　C. 否

126. 我一向都是靠自己的能力解决困难，不会请求他人的帮助以免欠别人人情。

A. 是　　B. 不一定　　C. 否

127. 当我专注于分析思考时，会忘了做饭、收拾家务等日常生活行为。

A. 是　　B. 不一定　　C. 否

128. 我认为解决问题最好的方法是冷静思考、理智分析。

A. 是　　B. 不一定　　C. 否

129. 当发生问题时，我认为由自己解决会更好。

A. 是　　B. 不一定　　C. 否

130. 我善于把情感成分去除，喜欢做旁观者。

A. 是　　B. 不一定　　C. 否

131. 我喜欢搜集信息和知识，愿意成为专家。

A. 是　　B. 不一定　　C. 否

132. 我非常重视个人空间。

A. 是　　B. 不一定　　C. 否

133. 当我个人生活空间受到侵犯时，我会感到有负面情绪。

A. 是　　B. 不一定　　C. 否

134. 当有不速之客来访时，我会感到有负面情绪。

A. 是　　B. 不一定　　C. 否

135. 我非常专注，能够长期刻苦钻研。

A. 是　　B. 不一定　　C. 否

136. 我通常是等别人来接近我，而不是我主动接近他们。

A. 是　　B. 不一定　　C. 否

137. 我与别人的感情互动不深。

A. 是　　B. 不一定　　C. 否

138. 我不喜欢要对人尽义务的感觉。

A. 是　　B. 不一定　　C. 否

139. 我对大部分的社交集会不太有兴趣，除非那是我熟识的和喜爱的人。

A. 是　　B. 不一定　　C. 否

140. 我不喜欢那些有侵略性或过度负面情绪化的人。

A. 是　　B. 不一定　　C. 否

141. 我不想别人知道我的感受与想法，除非我主动想告诉他们。

A. 是　　B. 不一定　　C. 否

142. 我善于为别人提供谋略。

A. 是　　B. 不一定　　C. 否

143. 我向来以自己的清晰与客观为自豪。

A. 是　　B. 不一定　　C. 否

144. 我对周围的世界有很深的洞察力。

A. 是　　B. 不一定　　C. 否

145. 对于工作或者我在意的事情，我总能全神贯注。

A. 是　　B. 不一定　　C. 否

146. 精神生活是最振奋人心的一种生活。

A. 是　　B. 不一定　　C. 否

147. 当我投入工作时，几乎感觉不到时间在流逝。

A. 是　　B. 不一定　　C. 否

148. 我宁愿忍受物质生活上的不便，也不愿意跟很多人在一起。

A. 是　　B. 不一定　　C. 否

149. 我总是回避参加应酬性的活动。

A. 是　　B. 不一定　　C. 否

150. 我认为安静的娱乐远远胜过热闹的宴会。

A. 是　　B. 不一定　　C. 否

B 得分（　）

151. 我会常常在内心里提防别人陷害和利用我，所以常和别人保持一定的安全距离。

A. 是　　B. 不一定　　C. 否

152. 当一个新项目要开始时，我总是担心万一可能出现的问题或麻烦。

A. 是　　B. 不一定　　C. 否

153. 我觉得自己充满矛盾，我崇拜权威但有时会质疑权威。

A. 是　　B. 不一定　　C. 否

154. 我经常犹豫不决，很在意我的配偶和我身边重要的人的想法。

A. 是　　B. 不一定　　C. 否

155. 我常怀疑那些对我奉承的人。

A. 是　　B. 不一定　　C. 否

156. 我很有危机意识，有时会杞人忧天。

A. 是　　B. 不一定　　C. 否

157. 我需要清晰明确的指引，或者必须有明显的证据来做决策。

A. 是　　B. 不一定　　C. 否

158. 我不喜欢环境多变，不轻易尝试新奇的事物。

A. 是　　B. 不一定　　C. 否

159. 我容易因不稳定而感到压力。

A. 是　　B. 不一定　　C. 否

160. 当环境混乱无序，无法预知未来时，我会感到有负面情绪。

A. 是　　B. 不一定　　C. 否

161. 当环境中存在不安全因素或者考虑不周全时，我会感到有负面情绪。

A. 是　　B. 不一定　　C. 否

162. 当不得已要行动时，我会感到有负面情绪。

A. 是　　B. 不一定　　C. 否

163. 面对威胁时，我一方面变得焦虑，另一方面又要对抗迎面而来的危险。

A. 是　　B. 不一定　　C. 否

164. 我有时很欣赏自己充满权威，有时又优柔寡断，依赖别人。

A. 是　　B. 不一定　　C. 否

165. 面对感情问题时，即使是感觉很好，我也会一再确认。

A. 是　　B. 不一定　　C. 否

166. 我常怀疑别人赞美我的动机。

A. 是　　B. 不一定　　C. 否

167. 我对许多事都感到焦虑，即使它们和我潜在的成功或失败毫不相关。

A. 是　　B. 不一定　　C. 否

168. 我一般会考虑好如何应对最差后果后才作决定。

A. 是 B. 不一定 C. 否

169. 我通常质疑自己的决定，甚至是在我认为已经下定决心以后。

A. 是 B. 不一定 C. 否

170. 我做任何事情都要反复考虑，有充分的心理准备后才去实施。

A. 是 B. 不一定 C. 否

171. 在行动之前，我需要一段较长时间的准备。

A. 是 B. 不一定 C. 否

172. 在最佳状态下，我认识到自己有勇气。

A. 是 B. 不一定 C. 否

173. 我比大部分人更能意识到潜在的风险。

A. 是 B. 不一定 C. 否

174. 如果别人守信于我，我也会信守承诺。

A. 是 B. 不一定 C. 否

175. 即使已经取得很成功，我仍对自己有疑问。

A. 是 B. 不一定 C. 否

176. 必要时我会非常顽固、强硬，尽管我一直都不觉得自己强悍。

A. 是 B. 不一定 C. 否

177. 假使我手里拿着一把装着子弹的手枪，我必须把子弹拿出来才能安心。

A. 是 B. 不一定 C. 否

178. 对那些出乎意料而对我过于友善的人，我常常怀疑他的动机是否真实。

A. 是 B. 不一定 C. 否

179. 如果我要到一个新城市，会避免去不安全的地方。

A. 是 B. 不一定 C. 否

180. 每当做一件困难工作时，我总是预先做好准备。

A. 是 B. 不一定 C. 否

G 得分（ ）

181. 我喜欢寻求开心和快乐，不喜欢那些沉闷的、没有欢乐的场合。

A. 是 B. 不一定 C. 否

182. 我期望新的和有兴趣的体验。

A. 是　　B. 不一定　　C. 否

183. 我不喜欢别人限时限刻地强迫我做事。

A. 是　　B. 不一定　　C. 否

184. 我希望别人觉得和我在一起很有趣。

A. 是　　B. 不一定　　C. 否

185. 我十分健谈，与朋友在一起我能说很多很有趣的故事，并很开心得到他们的关注和听到他们的笑声。

A. 是　　B. 不一定　　C. 否

186. 最好有问即答，我不喜欢等待。

A. 是　　B. 不一定　　C. 否

187. 我通常很难认错，也会具体说出一些客观的理由来解释我的失误。

A. 是　　B. 不一定　　C. 否

188. 我喜欢忙碌，每天尽可能把活动安排满。

A. 是　　B. 不一定　　C. 否

189. 我喜欢上餐馆、娱乐、旅行时同朋友谈天说地的美好享受。

A. 是　　B. 不一定　　C. 否

190. 我逃避与贫穷、依赖和消极的人做朋友。

A. 是　　B. 不一定　　C. 否

191. 我不喜欢接受规范，而喜欢我行我素。

A. 是　　B. 不一定　　C. 否

192. 我计划的事要比已经完成的事要多。

A. 是　　B. 不一定　　C. 否

193. 我通常能够很快从失败中恢复过来。

A. 是　　B. 不一定　　C. 否

194. 我是一个可以同时做好几件事的人。

A. 是　　B. 不一定　　C. 否

195. 我喜欢不断探索新奇有趣的事情。

A. 是　　B. 不一定　　C. 否

196. 我喜欢有多样的选择，对将来有很多计划。

A. 是　　B. 不一定　　C. 否

197. 当我被限制约束或周围环境太沉闷时，我会感到有负面情绪。

A. 是　　B. 不一定　　C. 否

198. 当我无法自由活动不得已面对沉闷时，我会感到有负面情绪。

A. 是　　B. 不一定　　C. 否

199. 我喜欢戏剧性、多姿多彩的生活。

A. 是　　B. 不一定　　C. 否

200. 我对感官的需求特别强烈，喜欢美食、服装以及身体的触觉刺激，并纵情享乐。

A. 是　　B. 不一定　　C. 否

201. 我常觉得很多事情都很好玩，很有趣，人生真是快乐。

A. 是　　B. 不一定　　C. 否

202. 我外向、幽默、开朗、迷人。

A. 是　　B. 不一定　　C. 否

203. 大多数人太认真了，放轻松就会开朗起来。

A. 是　　B. 不一定　　C. 否

204. 我沉浸于自己的兴趣，体验生命中的快乐。

A. 是　　B. 不一定　　C. 否

205. 高兴的时候，我会兴高采烈，充满活力。

A. 是　　B. 不一定　　C. 否

206. 我喜欢生命中一切美好的事物。

A. 是　　B. 不一定　　C. 否

207. 我讨厌无聊的、松散的生活和工作。

A. 是　　B. 不一定　　C. 否

208. 在一般困难情境中，我总能保持乐观。

A. 是　　B. 不一定　　C. 否

209. 如果我要到一个新城市，我将要到处闲逛。

A. 是　　B. 不一定　　C. 否

210. 一般人都认为我是一个活跃热情的人。

A. 是　　B. 不一定　　C. 否

H 得分（　）

211. 我是一个工作卖力、玩乐也卖力的人。

A. 是　　B. 不一定　　C. 否

212. 我喜欢把握大局和授权于人的乐趣，但却不喜欢被控制。

A. 是　　B. 不一定　　C. 否

213. 我会保护、支持我的朋友、家人和下属。

A. 是　　B. 不一定　　C. 否

214. 我有坚强的意志力，相信自己能战胜一切挑战和困境。

A. 是　　B. 不一定　　C. 否

215. 我很有决断力，喜欢作最后决定，并让别人依照我的决定执行。

A. 是　　B. 不一定　　C. 否

216. 在我决定之后，我很难听从别人的意见。

A. 是　　B. 不一定　　C. 否

217. 我喜欢直来直去，不喜欢兜圈子。

A. 是　　B. 不一定　　C. 否

218. 我通常喜欢关注弱势群体，支持弱势的一方。

A. 是　　B. 不一定　　C. 否

219. 别人觉得我很勇敢。

A. 是　　B. 不一定　　C. 否

220. 我总是喜欢带领一群人冲向宏伟的目标。

A. 是　　B. 不一定　　C. 否

221. 我喜欢伸张正义，主持公道，我觉得这是我的神圣使命。

A. 是　　B. 不一定　　C. 否

222. 当我被别人控制时，我会感到有负面情绪。

A. 是　　B. 不一定　　C. 否

223. 当我无法完全做主时，场面失控时，我会感到有负面情绪。

A. 是　　B. 不一定　　C. 否

224. 当我身边的人受到侵犯或不公正待遇时，我会感到有负面情绪。

A. 是　　B. 不一定　　C. 否

225. 如果我周围的人行为太过分时，我会让他难堪。

A. 是　　B. 不一定　　C. 否

226. 我会极力保护我所爱的人。

A. 是　　B. 不一定　　C. 否

227. 别人欣赏我的决断能力和个人威信。

A. 是　　B. 不一定　　C. 否

228. 我行动果断，勇于承担责任。

A. 是　　B. 不一定　　C. 否

229. 我处理事情果断，不喜欢婆婆妈妈。

A. 是　　B. 不一定　　C. 否

230. 有时别人说我霸道。

A. 是　　B. 不一定　　C. 否

231. 我喜欢教导别人。

A. 是　　B. 不一定　　C. 否

232. 我充满勇气，并能承担困难和挑战，直到获得成功。

A. 是　　B. 不一定　　C. 否

233. 遇到不公平的事情，我总是要忍不住出手去管一管。

A. 是　　B. 不一定　　C. 否

234. 我自己的事情自己做主，而不希望别人指手画脚。

A. 是　　B. 不一定　　C. 否

235. 我是一个直率的人，人们总是能够了解我的真实态度。

A. 是　　B. 不一定　　C. 否

236. 我态度强硬，知道如何说服和拒绝别人，绝不会轻易放弃自己的观点。

A. 是　　B. 不一定　　C. 否

237. 我非常不喜欢软弱无能、优柔寡断、懦弱的人。

A. 是　　B. 不一定　　C. 否

238. 当有人对我发火时，我总是自己也发起火来。

A. 是　　B. 不一定　　C. 否

239. 我认为凡是无法用理智来解决的问题，有时就不得不靠强权处理。

A. 是　　B. 不一定　　C. 否

240. 在参加讨论时，我总是能把握自己的立场。

A. 是　　B. 不一定　　C. 否

C 得分（　）

241. 我对一些有争议的事情有时很难作出决定，因为我总想照顾到方方面面。

A. 是　　B. 不一定　　C. 否

242. 朋友很愿意向我倾诉，因为他们觉得我是一个好听众。

A. 是　　B. 不一定　　C. 否

243. 当朋友和我在一起时，他们会觉得放松、舒适与平和。

A. 是　　B. 不一定　　C. 否

244. 我不喜欢命令别人，但当别人命令我时，我会反感，也会变得倔强。

A. 是　　B. 不一定　　C. 否

245. 我喜欢依赖平时的习惯和例行的方式去生活。

A. 是　　B. 不一定　　C. 否

246. 别人喜欢我是因为我善于接受他人、诚实和不会妄下评论。

A. 是　　B. 不一定　　C. 否

247. 名誉和地位不是我的最爱。

A. 是　　B. 不一定　　C. 否

248. 我相信“忍一时风平浪静，退一步海阔天空”，我喜欢“与世无争”。

A. 是　　B. 不一定　　C. 否

249. 我有求必应，很难说“不”，我很容易分散注意力。

A. 是　　B. 不一定　　C. 否

250. 身体上的舒适对我非常重要。

A. 是　　B. 不一定　　C. 否

251. 我很容易认同别人为我所做的事。

A. 是　　B. 不一定　　C. 否

252. 我对别人有很高的包容性。

A. 是 B. 不一定 C. 否

253. 我有时觉得自己的立场拖拖拉拉、不够坚定。

A. 是 B. 不一定 C. 否

254. 我一般不好意思拒绝别人的要求。

A. 是 B. 不一定 C. 否

255. 我觉得与别人争夺没有意思。

A. 是 B. 不一定 C. 否

256. 我向来谦卑和忍让。

A. 是 B. 不一定 C. 否

257. 我愿意聆听别人倾诉。

A. 是 B. 不一定 C. 否

258. 我是个随遇而安的人。

A. 是 B. 不一定 C. 否

259. 和朋友争论时，我会努力避免伤和气。

A. 是 B. 不一定 C. 否

260. 我不愿意面对冲突，很少得罪人。

A. 是 B. 不一定 C. 否

261. 我喜欢创造一种温馨的、互相支持的氛围。

A. 是 B. 不一定 C. 否

262. 很多人都太挑剔了，他们担忧的事情太多，其中大多数在我看来没有必要。

A. 是 B. 不一定 C. 否

263. 大部分问题实际上都算不上大问题，最终事情总能得到圆满解决。

A. 是 B. 不一定 C. 否

264. 江山易改，禀性难移，你最好接受人本来的样子。

A. 是 B. 不一定 C. 否

265. 我喜欢生活本来的样子，不管你做什么，要发生的总会发生。

A. 是 B. 不一定 C. 否

266. 过去的就让它过去，尽量把问题抛在脑后。

A. 是　　B. 不一定　　C. 否

267. 根据我的能力，即使让我做一些平凡的工作，我也会安心的。

A. 是　　B. 不一定　　C. 否

268. 我希望人们都友好相处。

A. 是　　B. 不一定　　C. 否

269. 尽管有的人和我的意见不和，但我仍能与其搞好团结。

A. 是　　B. 不一定　　C. 否

270. 当和立场相反的人争辩时，我主张彼此让步。

A. 是　　B. 不一定　　C. 否

测评结果分析

1. 计分方法

每一测题各有A、B、C三个答案，根据被试者对每一测题的答案，分别对A、B、C记为2、1、0分。

将各个类型的得分填到下面的表格中：

个性类型	得 分
D—1号完美、苛刻型	
E—2号热忱、易怒型	
A—3号专注、追求型	
I—4号浪漫、情绪型	
F—5号探究、木讷型	
B—6号质疑、忠诚型	
G—7号活跃、善变型	
H—8号控制、强权型	
C—9号和谐、迟缓型	

2. 统计结果

分数最高的类型为你的个性类型。

第 4 章

怎样才能更准确
——九种个性确认公式

利用第三步求和计算的九种个性分数求和经验公式，可以清晰地辨别出自己属于哪一个类型。假如这一步不能确认被试者是哪一类个性，就需再进行下一步。

事实最有说服力——测评案例

利用公式可以解决测评中出现的一种常见情况，即两个最高分或两个高分很接近的情形下如何确定核心个性。

以某公司员工测评得分为例：1 号得分 32 分，2 号得分 45 分，3 号得分 25 分，4 号得分 20 分，5 号得分 55 分，6 号得分 30 分，7 号得分 35 分，8 号得分 12 分，9 号得分 55 分。如图 4－1 所示。

计算很简单——测评分数计算步骤

第一步：确定核心个性。分数最高的为核心个性：5 号与 9 号分数最高。

第二步：确定侧翼。5 号的侧翼为 4 号与 6 号，标记为 5P4，5P6；9 号的侧翼为 8 号与 1 号，标记为 9P8，9P1。

第三步：确定整合、疏离，如图 4－2、图 4－3 所示。

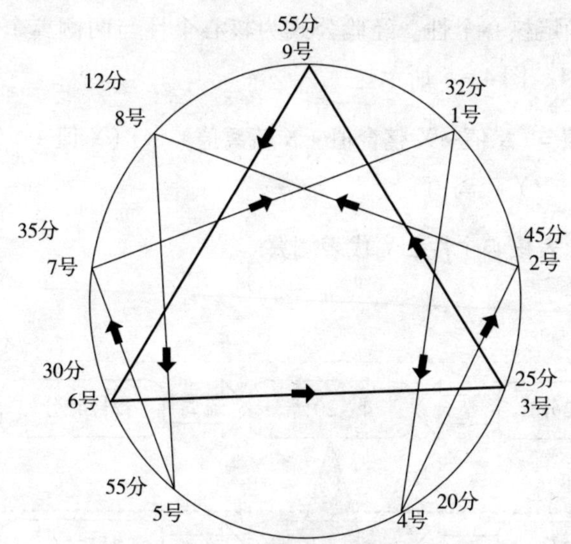

图 4－1　某公司员工的九种个性得分

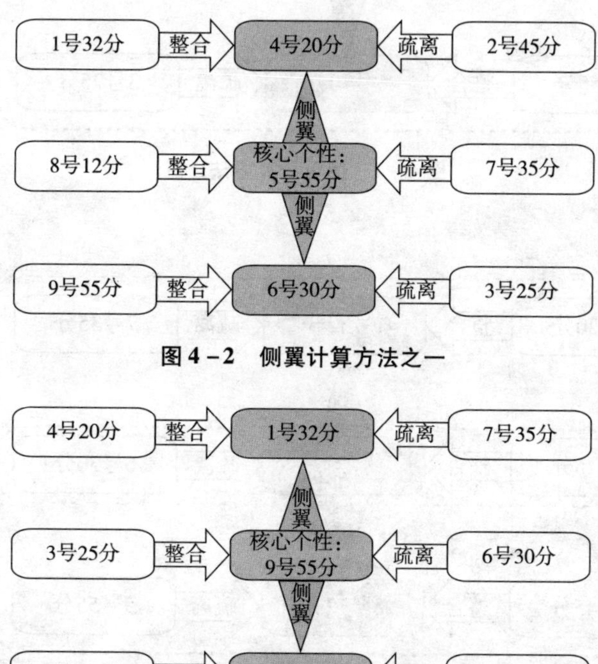

图 4－2　侧翼计算方法之一

图 4－3　侧翼计算方法之二

第四步：确定核心个性。经验公式为核心个性与两侧翼个性分值的简单求和。如图 4－4、图 4－5 所示。

XPY 综合值＝（X 值＋X 整合值＋X 疏离值）＋（Y 值＋Y 整合值＋Y 疏离值）

其中：X 代表核心个性，Y 代表侧翼。

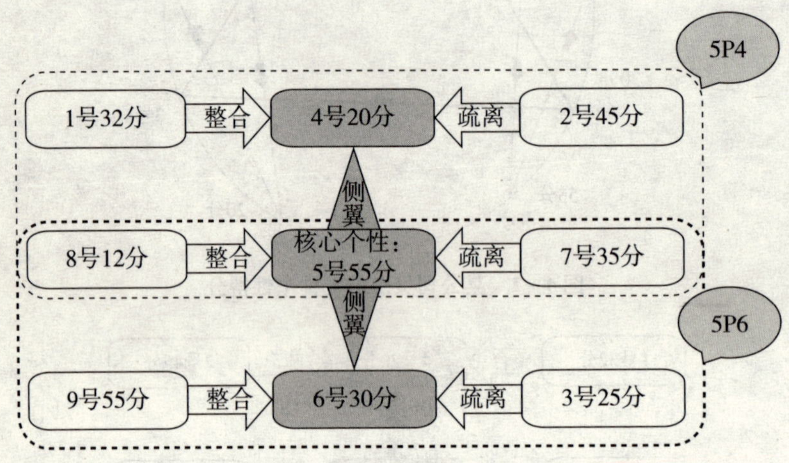

图 4－4　侧翼计算方法之三

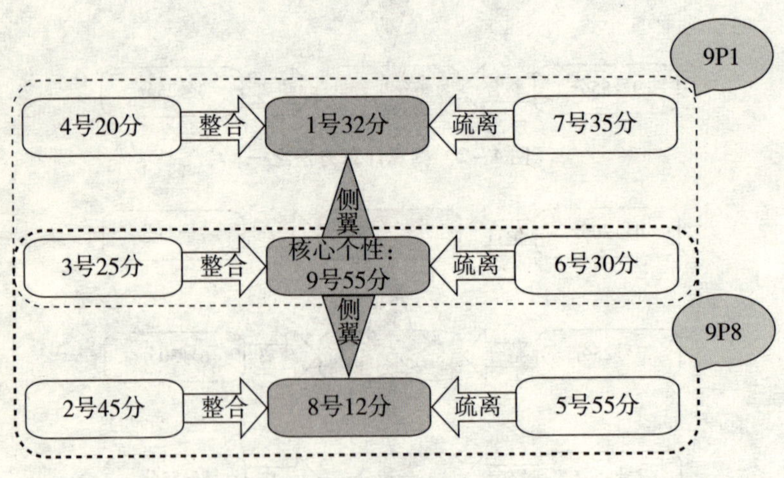

图 4－5　侧翼计算方法之四

第五步：计算。

5P4＝（55＋12＋35）分＋（20＋32＋45）分＝102＋97＝199 分

5P6 = （55 + 12 + 35）分 + （55 + 30 + 25）分 = 102 + 110 = 212 分

9P1 = （55 + 25 + 30）分 + （32 + 20 + 35）分 = 110 + 87 = 197 分

9P8 = （55 + 25 + 30）分 + （45 + 12 + 55）分 = 110 + 112 = 222 分

第六步：结果解释：确定核心个性。

最高分为 9P8，即核心个性为 9 号。

第5章

教你细致区分不同类型——关键区别点

第四步的关键区分点穷尽了所有类型之间的区别点，所以通过这一步骤，可以找到自己的个性类型与其他类型比较的关键点。

一学你就会——区别点使用方法

在使用这个步骤时需要把握一定的技巧。例如：你在3、6、8三种个性之间徘徊，不知道自己属于哪一种类型时，首先，找到3号与6号的关键区分点，看自己更倾向于哪一类。这时候必须选一个号码出来，假如你发现你更像3号，那么6号你就不用管了。现在找到3号与8号的关键区分点，看看自己属于哪一个类型，假如发现自己还是更倾向于3号，那么就能确定自己的个性是3号。通过这样一个一个的排除法，最终将自己的个性类型确定出来。

但是，也可能会出现测评分数并列的情形，如图5－1所示的1号、4号、6号、8号。

当看到1号与4号区别的时候，如果你觉得自己更像1号，那么4号就不用管了；然后看1号与6号的区别，如果你觉得自己更像6号，那么1号你就不用管了；紧接着往下看6号与8号的区别，如果你还是觉得自己像6号，那么8号就不用管了，最终确定自己的个性类型是6号。

通过对九种个性进行对比，总结出以下表格（如表5－1～表5－36所示），有助于帮助读者方便阅读，以及更快区分不同个性类型。

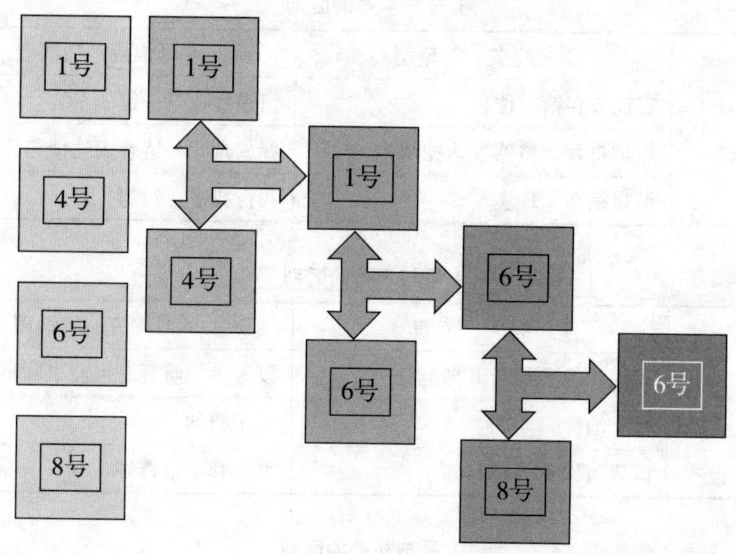

图 5－1　测评分数并列的情形

一目了然——关键点区分表

表 5－1　1 号与 2 号的区别

	1 号完美、苛刻型	2 号热忱、易怒型
不同点	行为与原则有关；独立	行为与个人原因有关；依赖
	不愿意表达正面情绪	愿意表达正面情绪
	愤怒情绪表达顺畅	愤怒情绪表达曲折

表 5－2　1 号与 3 号的区别

	1 号完美、苛刻型	3 号专注、追求型
不同点	注重程序，压抑自我，相对悲观	不拘常规，喜欢表现，相对乐观
	稳定，形象一致	善变，迎合别人
	完成一件事再做下一件事	同时进行多件事情

表 5－3　1 号与 4 号的区别

	1 号完美、苛刻型	4 号浪漫、情绪型
不同点	责任放在第一位	情感放在第一位
	压抑自我，情感表达控制化	释放自我，情感表达情绪化
	循规蹈矩，现实	我行我素，幻想

表 5－4　1 号与 5 号的区别

	1 号完美、苛刻型	5 号探究、木讷型
不同点	理想化标准判断事物走势	以考察、质疑来推测事物
	长于演绎	长于归纳
	世界可以更美好	世界其实很奇妙

表 5－5　1 号与 6 号的区别

	1 号完美、苛刻型	6 号质疑、忠诚型
不同点	以规则确定行为	以安全确定行为
	行为易于预测	行为难以预测
	压抑愤怒，当机立断	表达愤怒，举棋不定

表 5－6　1 号与 7 号的区别

	1 号完美、苛刻型	7 号活跃、善变型
不同点	愤怒情感逐渐产生	焦虑情绪影响深刻
	自我意识强，有条不紊	自我意识弱，疏于时间观念
	专心、专注于目标，但同时也更加顽固	有好奇心，心态开放，也常常因此分心

表 5－7　1 号与 8 号的区别

	1 号完美、苛刻型	8 号控制、强权型
不同点	压抑愤怒，注重社会标准	发泄愤怒，注重自我标准
	循规蹈矩，注重细节	自然任性，关注大局
	坚定源于对理想境界的追求	坚定源于对局面的掌控

表 5-8　**1 号与 9 号的区别**

	1 号完美、苛刻型	9 号和谐、迟缓型
不同点	原则第一	和谐第一
	工作狂	工作与休息同样重要
	在面对压力时，急于说服他人并更加情绪化和急躁	在面对压力时，感情方面变得疏离，具有对抗性，最终变得更加焦虑和反抗

表 5-9　**2 号与 3 号的区别**

	2 号热忱、易怒型	3 号专注、追求型
不同点	从关系中找到自我	从工作中找到自我
	助人者，人皆爱之。喜欢谈论感情	成功者，人皆爱之。喜欢谈论目标
	在失去耐心之前，一直试图取悦他人，但当他们趋向 8 号时则会最终爆发	总是表现自己的完美，但是趋向 9 号时则会变得更加冷淡

表 5-10　**2 号与 4 号的区别**

	2 号热忱、易怒型	4 号浪漫、情绪型
不同点	关注别人的感受，焦点在外	关注自己的感受，焦点在内
	把自己的心放在别人身上，让别人发亮	把心深埋心底，而且藏得很深
	衣着得体，在意别人的评价	衣着得体，重在自己满意

表 5-11　**2 号与 5 号的区别**

	2 号热忱、易怒型	5 号探究、木讷型
不同点	感情用事	不能接受感情用事
	以人为导向，情感外溢热情	以事为导向，情感内敛冷淡
	外表没有孤独状	孤独状明显

表 5－12　2 号与 6 号的区别

	2 号热忱、易怒型	6 号质疑、忠诚型
不同点	焦点在于被爱	焦点在于得到安全感
	喜欢看正面因素，凭感觉作决定，快速	喜欢考虑负面因素，作决定喜欢分析，迟疑
	容易相信别人，会献媚	不容易相信别人，怀疑献媚的人

表 5－13　2 号与 7 号的区别

	2 号热忱、易怒型	7 号活跃、善变型
不同点	希望介入别人的生活，渴望做别人的好朋友	不希望介入别人的生活，和别人在一起是为了增加快乐
	很慷慨，渴望得到支持与关注；希望别人依赖他	很慷慨，寻求自己度过愉快的时光；对依赖者缺乏耐心
	在结束一段感情时，很难完全放下	在结束一段感情时，绝不会纠缠不清

表 5－14　2 号与 8 号的区别

	2 号热忱、易怒型	8 号控制、强权型
不同点	有不满会在爱的面纱下，间接地表达愤怒	有不满则直接表达愤怒与失望
	会戏剧性展示自己所受的伤害，来让别人产生负罪感	会对别人直接提出要求，甚至采用强硬的办法
	对周围人员的关注源于感性	对周围人员的关注源于理性

表 5－15　2 号与 9 号的区别

	2 号热忱、易怒型	9 号和谐、迟缓型
不同点	主动、热情，助人为乐	被动、冷静，有求必应
	善于情感表达	不善于情感表达
	情绪化，会发脾气	情绪稳定，态度温和

表 5-16　　**3 号与 4 号的区别**

	3 号专注、追求型	4 号浪漫、情绪型
不同点	当情感与其他事物发生冲突时，会忽略情感	当情感与其他事物发生冲突时，会忽略事物
	活力多彩源于专注的快乐	活力多彩源于性情的丰富
	现实世界的舞者	精神世界的歌者

表 5-17　　**3 号与 5 号的区别**

	3 号专注、追求型	5 号探究、木讷型
不同点	注重结果，渴望成功；喜欢谈论他们的学术成就	注重过程；会对自己的工作与发现守口如瓶
	一般不会仅仅为了自己的内心而坚持一个目标，如果他追求的成功得不到实现，就会很快改变自己的兴趣	会按照自己的想法行事，即使没有任何可以预见的结果
	善于交际；注重仪表	相对孤独；不修边幅

表 5-18　　**3 号与 6 号的区别**

	3 号专注、追求型	6 号质疑、忠诚型
不同点	避免考虑失败，个人英雄主义	时常考虑失败，喜欢团队运作
	处事灵活，少对抗	处事简单，多对抗
	喜欢表扬恭维	怀疑别有用心

表 5-19　　**3 号与 7 号的区别**

	3 号专注、追求型	7 号活跃、善变型
不同点	以成就证明自我价值	以成功以外的元素证明自我价值
	雇用保姆的目的倾向于自己能够全身心地投入工作	雇用保姆的目的倾向于自己能够更清闲
	冷静、自制，不受感情或私人问题的影响	容易紧张不安，自制力差

表 5－20　**3 号与 8 号的区别**

	3 号专注、追求型	8 号控制、强权型
不同点	会将自己与别人比较，在乎生活中重要人物对自己的认可	不会将自己与别人比较，不太在乎别人对自己的认可
	在乎成就，天生的管理者	在乎权力，天生的领导者
	在压力与公开对抗面前，容易放弃自己的观点	好斗，具有威胁性，不会放弃自己的观点

表 5－21　**3 号与 9 号的区别**

	3 号专注、追求型	9 号和谐、迟缓型
不同点	工作非常积极主动	可能非常成功，但有外界的不断督促
	希望引起别人注意	不愿意引起别人注意，容易低估自己
	为自己的目标兴奋	为自己的舒适快乐

表 5－22　**4 号与 5 号的区别**

	4 号浪漫、情绪型	5 号探究、木讷型
不同点	更注重对爱情的失望和童年时期的痛苦感受	侧重描绘内心的空虚和情感上的百无聊赖
	为情感所触动，并将之宣泄出来	透过情感表面了解事物的真相
	艺术创作多有自传色彩	艺术创作多有写实色彩

表 5－23　**4 号与 6 号的区别**

	4 号浪漫、情绪型	6 号质疑、忠诚型
不同点	喜欢刺激的感觉	寻求平稳安定
	相信感觉，冲动	喜欢分析，迟疑
	倾向于沮丧	倾向于焦虑

表 5－24　**4 号与 7 号的区别**

	4 号浪漫、情绪型	7 号活跃、善变型
不同点	喜欢体验悲情	追求快乐，逃避痛苦
	与人保持距离，不喜欢表达自己	喜欢群体，喜欢表达自己
	情绪持续时间长	情绪容易改变

表5-25　4号与8号的区别

	4号浪漫、情绪型	8号控制、强权型
不同点	发现摆脱童年的伤害很难，也不想摆脱	让自己坚强，摆脱这种情感
	情感表现脆弱	情感表现否定脆弱
	怜悯源于情感	怜悯源于道义

表5-26　4号与9号的区别

	4号浪漫、情绪型	9号和谐、迟缓型
不同点	远离人群，保持独立空间，面对自己的情感	在感受到威胁时才会独处，以避免给自己带来焦虑和不安的情绪波动
	反复咀嚼自己的悲伤	把所有可能引起负面的情绪拒之门外
	会与自己伤痛的事情隔绝	既同外部隔绝，也同自己的内部隔绝

表5-27　5号与6号的区别

	5号探究、木讷型	6号质疑、忠诚型
不同点	喜欢独处，镇静	喜欢小团体，紧张
	有立场，行为一致	常有反复
	情绪平稳	情绪波动

表5-28　5号与7号的区别

	5号探究、木讷型	7号活跃、善变型
不同点	不喜欢社交，孤僻内向	喜欢社交，活跃外露
	注意力更集中	视野更开阔
	娴熟源于精通	娴熟源于聪慧

表5-29　5号与8号的区别

	5号探究、木讷型	8号控制、强权型
不同点	更容易在他人面前退缩，为了避免依赖别人而放弃自己的需求	更善于处理所面临的问题，在追求目标时更加自信
	相对注重精神生活	相对注重现实生活
	沉稳源于理性入微的思考	沉稳源于对宏观局势的操控

表 5－30　　5 号与 9 号的区别

	5 号探究、木讷型	9 号和谐、迟缓型
不同点	思考集中而深刻，喜欢溯本逐源；悲观	一般不做更深入的思考，对自己的想法少有疑问；乐观
	在解决问题时，首先思考是什么问题，然后思考问题的起源，再回到问题，不断重复	多以理想主义的方式来解决问题
	喜欢预测事物的影响	通常不考虑行动后果

表 5－31　　6 号与 7 号的区别

	6 号质疑、忠诚型	7 号活跃、善变型
不同点	遇到焦虑会非常烦恼，这会使他们更焦虑	借助将注意力分散到高兴的事情上而消除焦虑
	不仅怀疑自己，也怀疑别人的目的	尽可能的压抑对自己的怀疑，而保持乐观的心态
	责任感很强，在完成使命之前，一直会努力工作	做事或多或少有些冲动，不希望自己身上寄予太多的期望

表 5－32　　6 号与 8 号的区别

	6 号质疑、忠诚型	8 号控制、强权型
不同点	谋定而后动；行为有反复	靠本能做出反应；坚持自己的立场
	表达委婉；压力下会屈服	直截了当；一不做二不休
	执著源于思考后的结论	执著源于意志力

表 5－33　　6 号与 9 号的区别

	6 号质疑、忠诚型	9 号和谐、迟缓型
不同点	容易受意外的影响而变得惊慌失措	喜欢保持轻松，很少受情绪影响
	需要与人交流，以宣泄内心的担忧和怀疑	保持内心清净
	如果认为自己遇到了困难，会明显紧张和具有防备性	碰到问题会表现的无动于衷

表 5－34　　　　7 号与 8 号的区别

	7 号活跃、善变型	8 号控制、强权型
不同点	在兴趣体验的多样性中感受快乐	在兴趣体验的深刻性中感受快乐
	对权力兴趣不大	对权力兴趣很大
	认为自己是理想化的享乐主义者	认为自己是实际的现实主义者

表 5－35　　　　7 号与 9 号的区别

	7 号活跃、善变型	9 号和谐、迟缓型
不同点	寻找热烈的兴奋	保持平静的满足
	亲和力源于外部生机	亲和力源于内中平缓
	因灵活而收放自如	因稳健而胜券在握

表 5－36　　　　8 号与 9 号的区别

	8 号控制、强权型	9 号和谐、迟缓型
不同点	比较武断，而且不介意跟别人争论以确立自己的观点	不喜欢与人发生冲突，为了保持和平的局面，甚至会违心地同意别人的观点
	在逆境时，因更加愤怒而具有攻击性	在逆境时，因更加被动而情绪低落
	喜欢泰山压顶雷霆万钧的情势	欣赏峰回路转小桥流水的轻柔

第6章

判断他人并不难
——如何识别他人的个性类型

本章介绍了面孔识别法、外部特征识别法以及询问法识别九种个性。

写在脸上的信息——面孔识别法

个性是一种固化的情绪，它会在面部留下痕迹。从面部痕迹可以推断出个性的特征。

面孔是反映一个人内心情感和生活经历的永久性记录。不仅能反映人的天生气质与性情，而且还能反映人的健康与疾病状况，烦恼与快乐，失意与成功的情绪。

左脸代表核心个性（见图6-1），右脸代表社会个性（见图6-2）。

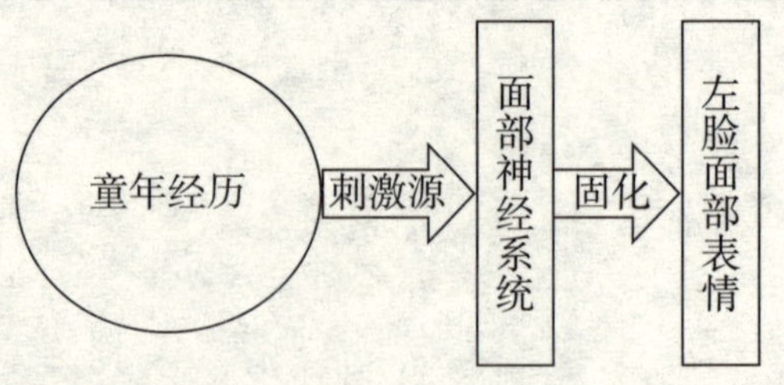

图6-1　核心个性与面孔的关系

1. 解读面孔的技巧

在解读面孔时，应当认识到的一个重要规律是，每个人都具有两面性，即核心个性与社会个性，不妨把这一规律作为解读实践的指南。

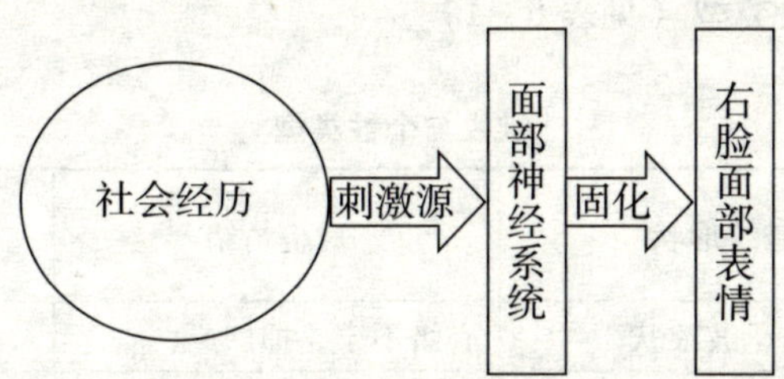

图6-2　社会个性与面孔的关系

面孔的左半部所显露的可能是右半部面孔所掩饰的，反之亦然。正如人们实际看到的和从照片上看到的那样，融为一体的面孔两半部可能会使你产生一种与那个人的个性所不符的错误印象。这是因为，有时以一副社会面具出现的那半边脸可能对观察者的直觉产生影响。

通常你只需要解读4个区域，即右区、左区、上区和下区，如图6-3所示。

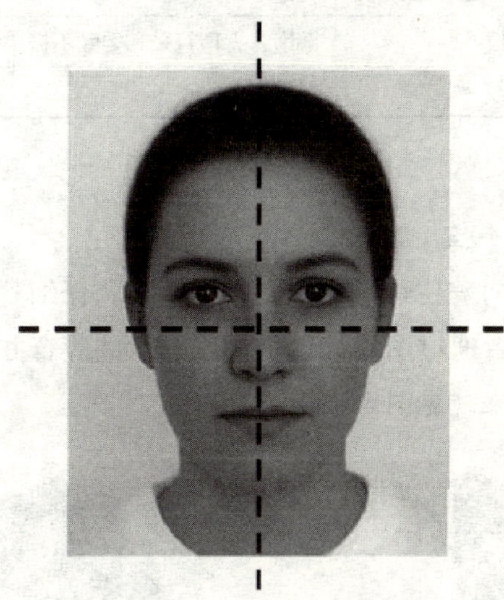

图6-3　面孔的4个区域

2. 皱纹与个性类型（见表6－1）

表6－1　皱纹与个性类型

皱纹部位	皱纹形状	对应情绪	个性类型	个性潜在情绪
额头纹	不连贯，呈波浪状	心绪不宁，抑郁	4号	嫉妒
	呈现一道深沟	喜欢寻求刺激	7号	快乐
	有三条明显笔直的皱纹	自恋	3号	自恋
	皱纹从中间断裂开	个性反复无常，比较极端	4号	嫉妒
眉间纹	一根纵纹	愤怒	8号	愤怒
	一根以上纵纹	焦虑	6号	忧虑
眼部	放射纹	焦躁不安	6号	忧虑
	鱼尾纹	开心	7号	快乐
鼻梁	横纹	冥思苦想	5号	思考
嘴部	嘴上面鼻子下面有皱纹	厌恶、刻薄	1号	憎厌
	嘴角出现皱纹	懒惰、无精打采和委靡不振	9号	懒惰
	嘴角有小皱纹	傲慢	2号	骄傲

3. 右脸与左脸

（1）右脸与核心个性

想象着按垂直方向盖住这个人面孔的左半部，仔细察看，分析整个右半部（见图6－4）。或者通过图片处理把两张右区的脸合并成一张面孔，这样个性的特征会凸显出来（见图6－5）。

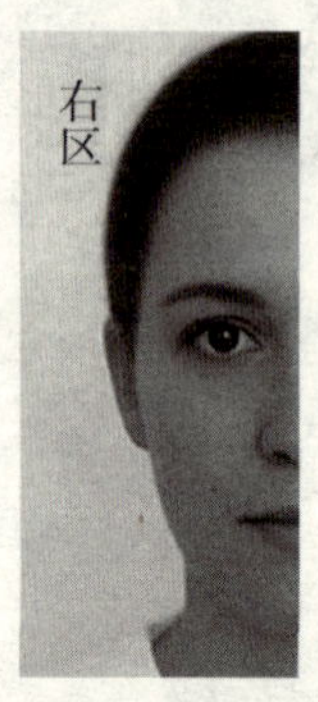

图6－4　面孔的右区

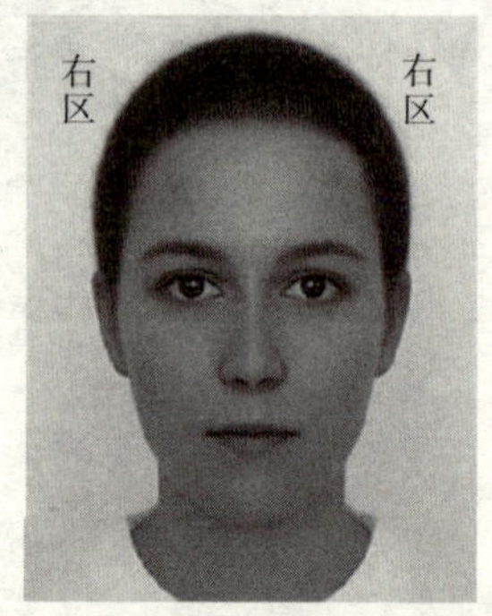

图6－5　两张右区的脸合并成一张脸

(2) 左脸与社会个性

左区：按垂直方向盖住面孔的右半部，然后解读整个左半部（你会惊奇地发现两部分居然不一样）（见图6-6）。或者通过图片处理把两张左区的脸合并成一张面孔，这样个性的特征会凸显出来（见图6-7）。

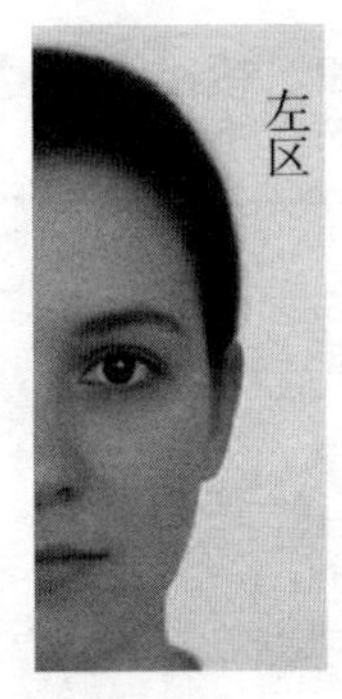

图6-6　面孔的左区

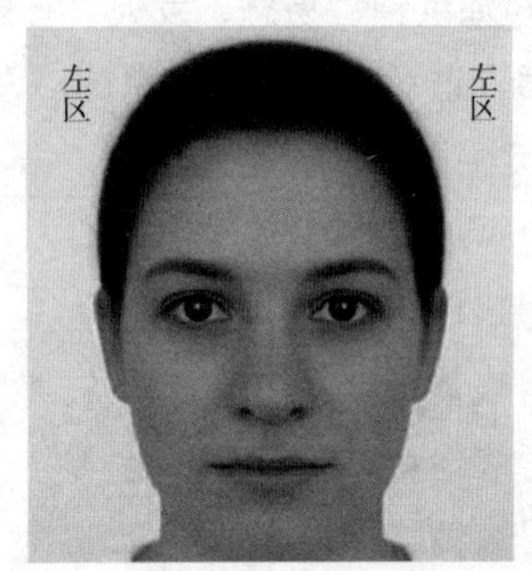

图6-7　两张左区的脸合并成一张脸

(3) 左右脸个性描绘词

1号完美、苛刻型：怨恨自己的、有原则、追求完美、爱批评、不苟且、严肃拘谨、严肃僵硬、严谨。

2号热忱、易怒型：温和的、无私的、热心肠的、有同情心的、心肠软的、愤怒的、可信赖的、有爱心的、感情丰富、占有欲强、主动、体贴、微笑温暖、富有诱惑性、热情可爱、天真烂漫柔和、多笑容、柔软而有力、身体接触、亲和力强、奉献、热情。

3号专注、追求型：野心勃勃的、自恋、自信、体面、自鸣得意、玩世不恭、有竞争心、怀有敌意、眼神明亮。

4号浪漫、情绪型：抑郁的、自我怜悯、娇柔、孤独、性感、害羞、神经质、易激动、浪漫、情绪化、独特、优雅、语调柔和、忧郁、孤傲。

5号探究、木讷型：富有思想的、学问深、冷淡、迟钝、文静、刻意表现深刻、淡漠。

6号质疑、忠诚型：警觉的、不信任、焦虑、恐惧、防范、忠诚、多疑、稳重、小心翼翼、处处提防、避免眼神接触、刻意表现强大、疑虑、六神无主。

7号活跃、善变型：乐观的、过于自信、开朗、天真、任性、神采飞扬、没有压迫感、我行我素、善交际、放任。

8号控制、强权型：盛气凌人的、好斗、有权威、坦率、不满、脾气坏、坚决果断、爱支配、冲动、目光坚定而有威严、目中无人、大动作、独断、直接、声如洪钟、易怒、发火、有毅力。

9号和谐、迟缓型：谦卑的、友好、脾气好、平和、接纳、豁达、懒散、无力、无主见、平易近人。

(4) 各类型面部表情

1号表情特点：严肃拘谨。

2号表情特点：热情可爱。

3号表情特点：眼神明亮。

4号表情特点：忧郁凝重。

5号表情特点：木讷安静。

6号表情特点：焦虑不安。

7号表情特点：神采飞扬。

8号表情特点：威严庄重。

9号表情特点：平缓柔和。

4. 上区

在眼下按水平方向画线并盖住面孔的下部，把眼睛和上额单独处理，其目的是能更有效地解读这些部位（见图6-8）。

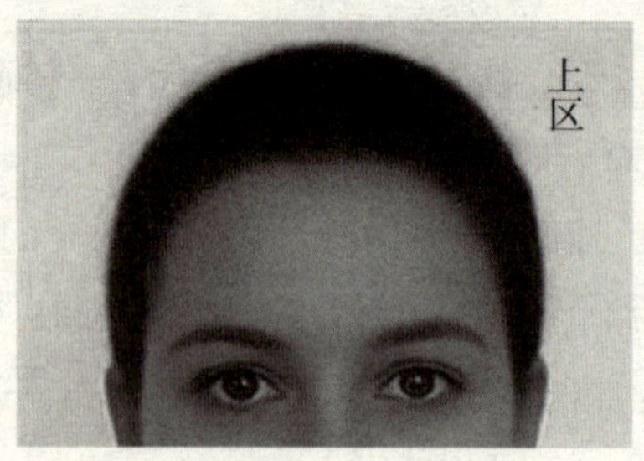

图6-8 面孔的上区

(1) 解读眼神

➢ 1号眼神：严肃、挑剔。

➢ 2 号眼神：热情、温馨。

➢ 3 号眼神：明亮、自信。

➢ 4 号眼神：哀伤、忧郁。

➢ 5 号眼神：迷离、不稳。

➢ 6 号眼神：焦虑、不安。

➢ 7 号眼神：游离、飘忽。

➢ 8 号眼神：深邃、威严。

➢ 9 号眼神：温和、平静。

（2）解读眉毛

➢ 3 号或 8 号的眉毛。愤怒的或邪恶的人其眉毛往往是里端向下，外侧向上，呈歪斜状。就像核对无误时所作的打钩记号一样，这也是漫画家进行夸张创作时的常用形状。

➢ 4 号或 9 号的眉毛。很容易感到糊涂，经常有茫然不知所措，失望感的人，其眉毛通常是里端向上，外侧向下，呈歪斜状。

➢ 1 号或 5 号的眉毛。冷静、情绪稳定的人，其眉毛一般都比较平直，要么两边相对是笔直的，要么两边对称呈弧形。

➢ 6 号的眉毛。常为烦忧所困扰，忧心忡忡，心理负担过重，皱眉肌就会把眉毛牵拉在一起，而出现大家所熟悉的文学作品中描写的“紧锁的眉头”的形状。

5. 下区

按水平方向画线盖住上半部，仔细观察并分析鼻子、嘴和下巴（见图 6－9）。

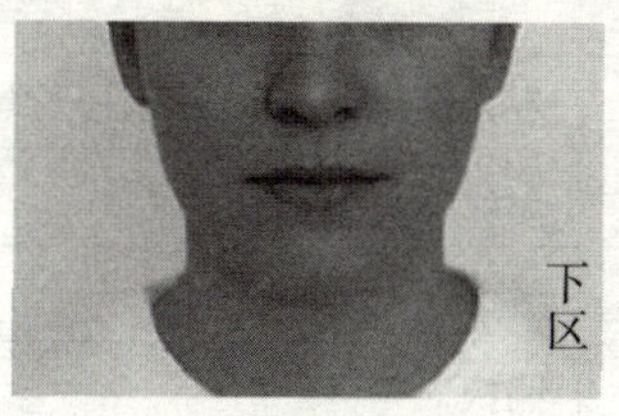

图 6－9　面孔的下区

解读嘴唇：

➢ 1 号嘴唇薄或绷紧，象征着为人苛刻，担心上当，希望抵挡住外界干涉的一种信号。上嘴唇常常是紧绷的，其目的是不受自己或他人情感的影响。

➤ 2号或9号嘴唇丰满或放松，象征着为人比较热情，个性开朗，为人爽直随和，接受能力强。

➤ 4号嘴唇下垂或两边嘴唇下挂是由于长期悲观厌世、生气不愉快。

➤ 7或3号两嘴角的嘴唇向上提起象征着乐观的活泼的个性。

➤ 8号绷紧卷曲的嘴唇象征着严厉、盛气凌人的个性。

个性类型无法掩饰——外部特征识别法

表6-2　　1号的外部特征

	表现特征
(1) 体态类型	平板、硬、瘦、腰板直
(2) 服饰特点	干净、职业套装、正规、整齐端正
(3) 眼神	严肃
(4) 语速	低
(5) 说话方式	直接指出问题，不会兜圈子
(6) 常用词汇	应该、不应该、对、错、不、不是的
(7) 个性倾向	不一定

表6-3　　2号的外部特征

	表现特征
(1) 体态类型	多为圆润的身材，看上去觉得可爱
(2) 服饰特点	配合场合、衬托他人
(3) 眼神	热情、友爱
(4) 语速	偏快
(5) 说话方式	讨好，多谈关于他人，少谈关于自己
(6) 常用词汇	让我来、不要紧、没问题、好、可以、你觉得呢
(7) 个性倾向	外向

表 6－4　　3 号的外部特征

	表现特征
(1) 体态类型	标准
(2) 服饰特点	光鲜、体面、品牌
(3) 眼神	聚焦、有神、明亮
(4) 语速	快
(5) 说话方式	目标为本，废话少，擅长展示自己的成就
(6) 常用词汇	可以、没问题、绝对、顶级
(7) 个性倾向	外向

表 6－5　　4 号的外部特征

	表现特征
(1) 体态类型	不一定，但肥胖的并不多
(2) 服饰特点	不落俗套、艺术家气质
(3) 眼神	忧郁
(4) 语速	安静、沉稳
(5) 说话方式	自我，感受多，谈工作的时候直接，话少
(6) 常用词汇	惯性保持静默
(7) 个性倾向	内向

表 6－6　　5 号的外部特征

	表现特征
(1) 体态类型	瘦
(2) 服饰特点	朴素
(3) 眼神	迷离
(4) 语速	语调平和
(5) 说话方式	超理智，讲道理、表达像讲课一样
(6) 常用词汇	我想、我认为、我的意见是……
(7) 个性倾向	内向

表6-7　　6号的外部特征

	表现特征
(1) 体态类型	不一定
(2) 服饰特点	朴素
(3) 眼神	焦虑的、不安的眼神；扫描（发现危机）、锐利（反恐）
(4) 语速	慢或不急不慢
(5) 说话方式	兜圈、谨慎、多疑问句
(6) 常用词汇	慢着、让我想一想、不知道、或许可以、怎么办
(7) 个性倾向	不一定

表6-8　　7号的外部特征

	表现特征
(1) 体态类型	不一定，但肥胖偏多
(2) 服饰特点	醒目
(3) 眼神	游离不定、充满活力
(4) 语速	快
(5) 说话方式	说话内容跳跃，容易出现打岔的情况
(6) 常用词汇	最重要好玩、管他呢
(7) 个性倾向	外向

表6-9　　8号的外部特征

	表现特征
(1) 体态类型	魁梧或硬朗
(2) 服饰特点	不太讲究
(3) 眼神	深邃威严；习惯直视对方的眼睛
(4) 语速	多出现喉咙沙哑的情况
(5) 说话方式	直截了当、不拘小节、容易暴躁
(6) 常用词汇	我告诉你、为什么不能、快点、看我的、跟我走
(7) 个性倾向	外向

表6－10　　9号的外部特征

	表现特征
（1）体态类型	略肥胖，脸和身材都比较圆润
（2）服饰特点	宽松休闲
（3）眼神	温和、平静、很少漂移
（4）语速	慢
（5）说话方式	看上去有点像要睡着的说话方式、不太表达自己的立场
（6）常用词汇	随便啦、随缘啦、你说呢、不要那么认真嘛
（7）个性倾向	内向

言由心生——询问识别法

1. 询问法工具

（1）工具一：9选1

公正、善良、成就、独特、知识、忠诚、快乐、权势、和谐。

使用方法：让询问对象选一个最能代表自己的词语。

（2）工具二：3大中心

思维中心：5号、6号、7号是用脑生活的人，非常理性。在生活中容易在行动力上出问题。

情感中心：2号、3号、4号是用心生活的人，重感情。在生活中容易在情感上出问题。

本能中心：8号、9号、1号是用“腹”生活的人，依靠本能生活，注重生存，最关注自己与环境能不能接受。在生活中容易在人际关系上出问题。

使用方法：判断询问对象是什么中心的人。

（3）工具三：人际关系三元组合

1号、2号、6号顺从组：为人服务。应付压力方式：“怎样做才是正确的呢?”

3号、7号、8号自我肯定组：与人对抗。应付压力方式：自我膨胀。

4号、5号、9号抽离组：远离人群。应付压力方式：加大私人空间，躲在自我世界。

（4）工具四：三大中心与人际关系组合

表6-11　三大中心与人际关系组合

三大中心 / 人际关系	思维中心（6号、7号、5号）	情感中心（2号、3号、4号）	本能中心（1号、8号、9号）
顺从组（6号、2号、1号）	6号	2号	1号
对抗组（7号、3号、8号）	7号	3号	8号
抽离组（5号、4号、9号）	5号	4号	9号

2. 询问法案例

一位银行会计，她的1号得分和8号得分都是20分，这是她在测试中得分最高的两个号码。她认为自己是1号，但不敢确定，希望我能够帮助她。

“前段时间，我们的某位经理因为工作方面的原因生病了，大家都表扬他，但我认为这是他应该做的，没什么值得表扬的。如果是我的话，我也会这么做的。我是银行的会计，虽然我不喜欢这个职业，但我还是把会计的所有职称都考了，因为我觉得这是自己应该做的。”一开始，她用自己的实例来对应1号的表征。

我不想凭此就给她贴上1号的标签，只有多问几个问题才能更准确地了解她，这是我的经验。有时候在飞机上跟素不相识的朋友聊天，我会让他9选1，然后就会大概了解他是什么号码。这次我向这位女士也提出了同样的问题（工具一）：“在你的人生当中，九选一题：公正、善良、成就、独特、知识、忠诚、快乐、权势、和谐，你觉得什么是最重要的？”

“我觉得公正比较重要。”她回答得很干脆。当然，除了9选1之外，我还会问其他一些问题来测试一下她，于是我提出了第二个问题：“你的人生需要权势吗？”

“需要。”她的回答依然干脆利落。

“权势和公正，哪个更重要？”我紧接着又问。

“应该是公正。”她盯着我的眼睛答道。

注意典型语言特征（工具四）（她的回答是1号的典型回答，1号喜欢说“应该”、“应该是这样”、“应该是那样”）。我现在不知道她是几号，但她有1号的外在表现。可她是不是1号，有没有其他号码的一些特征？

我需要再问一些问题来确认（工具三）：“那好，1号的基本恐惧（堕落、不完美、变的不好）和基本欲望（希望自己正直，做个好人）符合你吗？”

“我觉得符合我。”

她的回答依然毫不含糊。

“100%吗？”我追问道。

“是。”她的语气很坚定。

这样的坚定是1号的特征，但我还是有点怀疑，我想用另一套评判标准来确认。

从三大中心的角度看，2号、3号、4号是用“心”生活的人，注重情感；容易在情感上出问题。5号、6号、7号是用“脑”生活的人，非常理性；容易在行动上出问题。8号、9号、1号是用“腹”生活的人，依靠本能生活，注重生存，最关注自己与周围的环境能不能被接受；容易在人际关系上出问题。于是我又问：

（工具二）“那么，在你生活中出现的问题是关于行动力上的、情感上的，还是与他人的关系上的？”

“好像是与他人关系上的。”她依然是犹豫了好久才不得不回答。

容易和周围人的关系出问题是8号、9号、1号的特征。

（工具二）（人际关系）“你的人际关系是顺从型、对抗型，还是抽离型？”我接着问道。

“好像顺从多一些。”她迟疑了10来秒钟后答道。

看来她是6号、2号、1号这一组的。

综上所述：可以确定她是 1 号；

测评题得分 8 号跟 1 号得分相同；

9 选 1 她选的是公正，属于 1 号特点；

语言特点：应该不属于典型 1 号特点；

三大中心：属于本能中心 8、9、1 号；

人际关系：属于顺从组 6、2、1 号。

下篇　对症下药，药到病除——九种个性的具体应用

不同类型交会点的确定，“即便是两个个性不同的人，他们也会找到一些共同点，理论基础是侧翼与整合疏离理论。即九种个性中的每一种个性都有向两翼个性类型发展的可能。不仅如此，每一种个性类型，在疏离与整合状态下，还会发展成为另一种个性。在九种个性中找到交会点，这时你们会很自然地对交会点所涉及的问题产生共鸣。”

——摘自《九型人格》　海伦·帕默

第7章

你中有我，我中有你
——不同个性的交会点

借助交会点，确定你与不同类型人的交集。

难者不会，会者不难——怎样确定交会点

1. **借助九种个性结构图，排列每种个性类型的整合、疏离及侧翼号码**

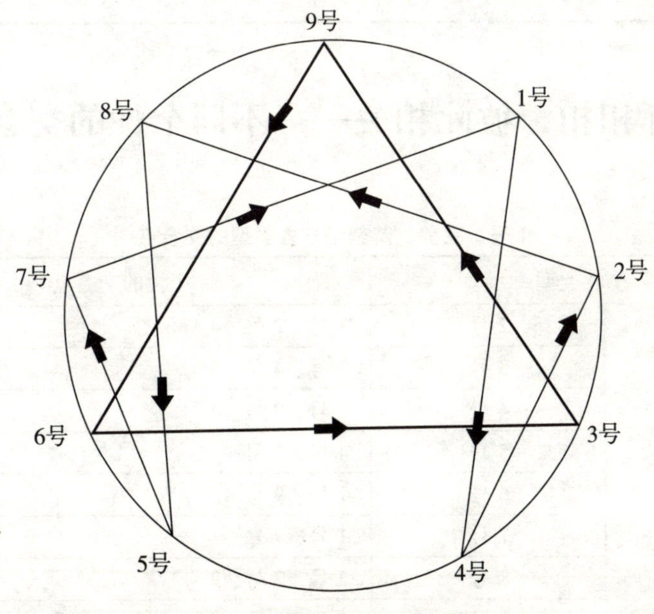

图7－1　每种个性类型的交会点

表 7－1　每种个性类型的整合、疏离及侧翼号码

个性类型	整合方向	疏离方向	侧翼 1	侧翼 2
1 号	7	4	2	9
2 号	4	8	1	3
3 号	6	9	2	4
4 号	1	2	3	5
5 号	8	7	4	6
6 号	9	3	5	7
7 号	5	1	6	8
8 号	2	5	7	9
9 号	3	6	8	1

2. 将两个个性所涉及的个性号码进行对比，找出相同的号码

表 7－2　寻找 1 号与 2 号的个性交会点

个性类型	整合方向	疏离方向	侧翼 1	侧翼 2	
1 号	7	4	2	9	1、2、4
2 号	4	8	1	3	

环环相扣，彼此相关——不同个性的交会点

表 7－3　1 号：完美、苛刻型与各类型的交会点

个性类型		个性的交会点
1 号与	2 号	1 号、2 号、4 号
	3 号	2 号、4 号、9 号
	4 号	1 号、2 号、4 号
	5 号	4 号、7 号
	6 号	7 号、9 号
	7 号	1 号、7 号
	8 号	2 号、7 号、9 号
	9 号	1 号、9 号

表 7-4　　2 号：热忱、易怒型与各类型的交会点

个性类型		个性的交会点
2 号与	1 号	1 号、2 号、4 号
	3 号	2 号、3 号、4 号
	4 号	1 号、2 号、3 号
	5 号	4 号、8 号
	6 号	3 号
	7 号	1 号、8 号
	8 号	2 号、8 号
	9 号	1 号、3 号、8 号

表 7-5　　3 号：专注、追求型与各类型的交会点

个性类型		个性的交会点
3 号与	1 号	2 号、4 号、9 号
	2 号	2 号、3 号、4 号
	4 号	2 号、3 号、4 号
	5 号	4 号、6 号
	6 号	3 号、6 号、9 号
	7 号	6 号
	8 号	2 号、4 号
	9 号	3 号、6 号、9 号

表 7-6　　4 号：浪漫、情绪型与各类型的交会点

个性类型		个性的交会点
4 号与	1 号	1 号、2 号、4 号
	2 号	1 号、2 号、3 号
	3 号	2 号、3 号、4 号
	5 号	4 号、5 号
	6 号	3 号、5 号
	7 号	1 号、5 号
	8 号	2 号、5 号
	9 号	1 号、3 号

表 7－7　　5 号：探究、木讷型与各类型的交会点

个性类型		个性的交会点
5 号与	1 号	4 号、7 号
	2 号	4 号、8 号
	3 号	4 号、6 号
	4 号	4 号、5 号
	6 号	5 号、6 号、7 号
	7 号	6 号、7 号、8 号
	8 号	5 号、7 号、8 号
	9 号	6 号、8 号

表 7－8　　6 号：质疑、忠诚型与各类型的交会点

个性类型		个性的交会点
6 号与	1 号	7 号、9 号
	2 号	3 号
	3 号	3 号、6 号、9 号
	4 号	3 号、5 号
	5 号	5 号、6 号、7 号
	7 号	5 号、6 号、7 号
	8 号	5 号、7 号、9 号
	9 号	3 号、6 号、9 号

表 7－9　　7 号：活跃、善变型与各类型的交会点

个性类型		个性的交会点
7 号与	1 号	1 号、7 号
	2 号	1 号、8 号
	3 号	6 号
	4 号	1 号、5 号
	5 号	5 号、6 号、7 号
	6 号	6 号、7 号、8 号
	8 号	5 号、7 号、8 号
	9 号	1 号、6 号、8 号

表 7－10　　8 号：控制、强权型与各类型的交会点

个性类型		个性的交会点
8 号与	1 号	2 号、7 号、9 号
	2 号	2 号、8 号
	3 号	2 号、4 号
	4 号	2 号、5 号
	5 号	5 号、7 号、8 号
	6 号	5 号、7 号、9 号
	7 号	5 号、7 号、8 号
	9 号	8 号、9 号

表 7－11　　9 号：和谐、迟缓型与各类型的交会点

个性类型		个性的交会点
9 号与	1 号	1 号、9 号
	2 号	1 号、3 号、8 号
	3 号	3 号、6 号、9 号
	4 号	1 号、3 号
	5 号	6 号、8 号
	6 号	3 号、6 号、9 号
	7 号	1 号、6 号、8 号
	8 号	8 号、9 号

第8章

心心相印——如何与不同类型的人沟通

1号：完美、苛刻型与其他类型的人如何沟通

1. 案例

何文飞是你的部属中最为精明能干的一位。不久前。他曾应你的顶头上司，研究发展处的王处长之要求，向刚刚接任经理职位的吴先生介绍发展处的未来发展计划。由于何文飞精湛的专业素养以及极具说服力的口才，在做完介绍后立即赢得吴总经理高度的赞赏。一天，吴总经理指明要何文飞向三个礼拜后即将前来公司参观访问的政府要员做公司全面发展的计划的简介，并要他即日起就做必要的准备。不过，何文飞目前正忙于两个月前王处长交代给他的某项专案工作。很不凑巧的是该项工作也必须在三个礼拜之内完成。

面对上述情况，你找何文飞过来，商讨他在未来三个礼拜的工作安排。何文飞因上级主管器重，意气风发。他提议在上班时间内处理王处长交办的工作，下班以外的时间（包括周末、周日及晚上）处理吴总经理交办的工作。王处长对何文飞的提议不但同意，而且深表欣赏。

你拥有这样的部属，自然深感庆幸。但是，你却担心在这样繁重的工作压力下，何文飞是否真能不负众望。思考：

（1）结合个性特点分析，假如何文飞是1号，你怎么办？

（2）找到自己的型号与1号，并讨论如何站在交会型号的角度与何文飞沟通？

2. 点拨

1号具有原则性，对自己和他人都有极高的要求，相信总有一种正确的做

法。他们目标明确，自我约束和控制能力强，注重维护质量和高标准，关注细节。但厌恶拖泥带水或浪费，擅长指导他人改进工作方法，正确且高效率地做事。

1 号非常看重工作环境的正规性，以及在工作中所获得的尊重感。因此，与 1 号下属沟通，领导者需要保持理性、正式的态度，说话要真诚、直截了当，辅以适当的幽默。领导者在布置需要下属自我决策处理的工作时，要向他们解释你希望工作如何完成。领导者对 1 号的意见即使不赞同，也要给他们阐释观点想法的机会，而不要立即反对。因为 1 号不太能接受批评，所以在处理其工作问题时要特别注意方式方法，找好场合和时机，适当给予认可。在没有完整的信息参考和明确清晰的指导方针指导时，1 号常常会因为害怕犯错而犹豫不决，因此，领导者在需要明确快速地给出答案的沟通事项上，要么允许 1 号有时间准备，要么明确告知 1 号你自己的想法。

(1) 1 号在工作中的表现特征

➢ 对己、对人有很高的要求，倾向于挑剔。

➢ 诚信及诚实是做人必须具备的素质。

➢ 不喜欢走快捷方式或者对工作不认真的人。

➢ 注重别人眼中看到的自己，倾向于批判及过度追求完美。

➢ 有责任感、承诺感、事事做得最好。

➢ 期望别人有责任感，讨厌不肯承担责任的同事。

➢ 注重工作间整洁及有秩序，规条清晰，不喜欢程序中有突然的转变。

➢ 工作完成后才是嬉戏的时候，最大问题是不能放松。

➢ 可以接受公平的批评，但通常在别人开口之前已做了自我批评。

(2) 沟通策略一：站在 1 号角度与之沟通

➢ 如果你是 1 号：

√　当你拥有可供参考的有用资料时，在你提出改良建议之前，请先确定你已承认可行之处。

√　当别人做了或说了某些你所喜欢的事情时，去称赞他们的作为——因为他们可能不知道你已经注意到了。

√　当你正感觉到受伤害或不被尊重时，请提防自己讥讽、嘲笑的方式。

√ 说出你的感觉及想法——你的逻辑思考模式可能会漠视或批评了别人。

√ 切记，当你正在控制或责备自己时，你可能已触及愤怒，所以尽量试着去谈你的感觉。

√ 如果你喜欢某个人，就告诉他们——有时候你的自我批判会让你显得不易亲近，所以对方可能不确定你是否真的喜欢他们而与你保持距离，即使他们也一样喜欢你。

√ 如果别人表现出不悦或不满意的样子，切记，那不见得因你而起，更不是你的责任，你只要去倾听他们的困难就可以了。

➤如果你要和1号的人交谈：

√ 切记，他们可能察觉不到自己的感觉，所以用不带批判的方式向他们发问，以帮助他们感受自己的感觉。

√ 别以为他们的怒气是针对你个人而发——它可能是某件完全不相干的事，甚至连他们自己也搞不清楚。

√ 用逻辑的方式而非感觉来表达你的观点——1号会考虑新点子并加以采纳，只要它符合逻辑。

√ 请直截了当——他们对操纵的伎俩既敏感又批判。

√ 当你看到事情出错时要告诉他们，并为你个人的错误和批评道歉，这样可以让他们放心，因为他们不是唯一这样的人。

√ 如果他们不愿倾听，请他们告诉你他们的想法。

√ 鼓励他们和别人分享他们的幽默感，并往光明面看。

(3) 沟通策略二：站在交会型号的角度与之沟通

表8-1　　1号与2号的交会点

交会型号	个性交会点	交会点个性相似之处
1号与2号	1号	1. 两个1号的人，都拥有共同的信念及将之付诸行动的决心 2. 两人都关心公平、尊重及一致性，而消闲及要乐反而是次要的 3. 在处理关系的问题上，他们都会尝试以客观、理性、合理及公平的方式处理

续　表

交会型号	个性交会点	交会点个性相似之处
1 号与 2 号	2 号	1. 两人都有很强的责任心，并常选择服务别人的角色及职业，他们因此互相吸引 2. 2 号为 1 号带来了不容易有的体谅及情感，1 号亦为 2 号带来了诚信及责任 3. 在关系上他们都是较为独立及成熟的，并可从身边不同的人获得情感的需要
	4 号	1. 两人都渴望将一些美好的东西带到世界当中 2. 1 号在 4 号复杂的感受及自我怀疑中提供意见。4 号为 1 号在固执及理性当中带来了创新、感觉及启发 3. 1 号为 4 号带来了自我控制，而 4 号却帮助 1 号去体验不同的情感及热情。若他们能互相欣赏对方，他们便能长久维持一段良好及平衡的关系

表 8 – 2　　1 号与 3 号的交会点

交会型号	个性交会点	交会点个性相似之处
1 号与 3 号	2 号	1. 两人都有很强的责任心，并常选择服务别人的角色及职业。他们因此互相吸引 2. 2 号为 1 号带来了不容易有的体谅及情感，1 号亦为 2 号带来了诚信及责任 3. 在关系上他们都是较为独立及成熟的，并可从身边不同的人获得情感的需要
	4 号	1. 两人都渴望将一些美好的东西带到世界当中 2. 1 号在 4 号复杂的感受及自我怀疑中提供意见。4 号为 1 号在固执及理性当中带来了创新、感觉及启发 3. 1 号为 4 号带来了自我控制，而 4 号却帮助 1 号去体验不同的情感及热情。若他们能互相欣赏对方，他们便能长久维持一段良好及平衡的关系
	9 号	1. 1 号与 9 号对对方都有深刻的了解。正面来说，两种个性都渴望将世界变得更美好 2. 1 号为 9 号带来清晰、理性及组织理念的能力，并争取改革的机会。他们相信自己能感染 9 号追求自己的人生目标。9 号为 1 号的理想带来一些有关思想上的考虑。他们比 1 号较为容易接纳及没有强烈要求，并渴望平和的关系

表 8－3　　1 号与 4 号的交会点

交会型号	个性交会点	交会点个性相似之处
1 号与 4 号	1 号	1. 两个 1 号的人都拥有共同的信念及将之付诸行动的决心 2. 两人都关心公平、尊重及一致性，而消闲及耍乐反而是次要的 3. 在处理关系的问题上，他们都会尝试以客观、理性、合理及公平的方式处理
	2 号	1. 两人都有很强的责任心，并常选择服务别人的角色及职业，他们因此互相吸引 2. 2 号为 1 号带来了不容易有的体谅及情感，1 号亦为 2 号带来了诚信及责任 3. 在关系上他们都是较为独立及成熟的，并可从身边不同的人获得情感的需要
	4 号	1. 两人都渴望将一些美好的东西带到世界当中 2. 1 号在 4 号复杂的感受及自我怀疑中提供意见。4 号为 1 号在固执及理性当中带来了创新、感觉及启发 3. 1 号为 4 号带来了自我控制，而 4 号却帮助 1 号去体验不同的情感及热情。若他们能互相欣赏对方，他们便能长久维持一段良好及平衡的关系

表 8－4　　1 号与 5 号的交会点

交会型号	个性交会点	交会点个性相似之处
1 号与 5 号	4 号	1. 两人都渴望将一些美好的东西带到世界当中 2. 1 号在 4 号复杂的感受及自我怀疑中提供意见。4 号为 1 号在固执及理性当中带来了创新、感觉及启发 3. 1 号为 4 号带来了自我控制，而 4 号却帮助 1 号去体验不同的情感及热情。若他们能互相欣赏对方，他们便能长久维持一段良好及平衡的关系
	7 号	1. 1 号与 7 号完全相反的特质有可能令大家互相吸引及补足，但他们各自的缺点同时亦可能使大家互相排斥 2. 1 号为关系带来秩序、良好的工作态度、极高的标准，并帮助 7 号有系统地达到目标。7 号为关系带来即兴、好奇、冒险精神及轻松愉快的生活态度。他们可以互补大家的不足

表 8－5　1 号与 6 号的交会点

交会型号	个性交会点	交会点个性相似之处
1 号与 6 号	7 号	1. 1 号与 7 号完全相反的特质有可能令大家互相吸引及补足，但他们各自的缺点同时亦可能使大家互相排斥 2. 1 号为关系带来秩序、良好的工作态度、极高的标准，并帮助 7 号有系统地达到目标。7 号为关系带来即兴、好奇、冒险精神及轻松愉快的生活态度。他们可以互补大家的不足
	9 号	1. 1 号与 9 号对对方都有深刻的了解。正面来说，两种个性都渴望将世界变得更美好 2. 1 号为 9 号带来清晰、理性及组织理念的能力，并争取改革的机会。他们相信自己能感染 9 号追求自己的人生目标。9 号为 1 号的理想带来一些有关思想上的考虑。他们比 1 号较为容易接纳及没有强烈要求，并渴望平和的关系

表 8－6　1 号与 7 号的交会点

交会型号	个性交会点	交会点个性相似之处
1 号与 7 号	1 号	1. 两个 1 号的人都拥有共同的信念及将之付诸行动的决心 2. 两人都关心公平、尊重及一致性，而消闲及要乐反而是次要的 3. 在处理关系的问题上，他们都会尝试以客观、理性、合理及公平的方式处理
	7 号	1. 1 号与 7 号完全相反的特质有可能令大家互相吸引及补足，但他们各自的缺点同时亦可能使大家互相排斥 2. 1 号为关系带来秩序、良好的工作态度、高的标准，并帮助 7 号有系统地达到目标。7 号为关系带来即兴、好奇、冒险精神及轻松愉快的生活态度，可以实现不足的互补

表 8－7　　1 号与 8 号的交会点

交会型号	个性交会点	交会点个性相似之处
1 号与 8 号	2 号	1. 两人都有很强的责任心，并常选择服务别人的角色及职业，他们因此互相吸引 2. 2 号为 1 号带来了不容易有的体谅及情感，1 号亦为 2 号带来了诚信及责任 3. 在关系上他们都是较为独立及成熟，并可从身边不同的人获得情感的需要
	7 号	1. 1 号与 7 号完全相反的特质有可能令大家互相吸引及补足，但他们各自的缺点同时亦可能使大家互相排斥 2. 1 号为关系带来秩序、良好的工作态度、极高的标准，并帮助 7 号有系统地达到目标。7 号为关系带来即兴、好奇、冒险精神及轻松愉快的生活态度，可以实现不足的互补
	9 号	1. 1 号与 9 号对对方都有深刻的了解。正面来说，两种个性都渴望将世界变得更美好 2. 1 号为 9 号带来清晰、理性及组织理念的能力，并争取改革的机会。他们相信自己能感染 9 号追求自己的人生目标。9 号为 1 号的理想带来一些有关思想上的考虑。他们比 1 号较为容易接纳及没有强烈要求，并渴望平和的关系

表 8－8　　1 号与 9 号的交会点

交会型号	个性交会点	交会点个性相似之处
1 号与 9 号	1 号	1. 两个 1 号的人都拥有共同的信念及将之付诸行动的决心 2. 两人都关心公平、尊重及一致性，而消闲及耍乐反而是次要的 3. 在处理关系的问题上，他们都会尝试以客观、理性、合理及公平的方式处理
	9 号	1. 1 号与 9 号对对方都有深刻的了解。正面来说，两种个性都渴望将世界变得更美好 2. 1 号为 9 号带来清晰、理性及组织理念的能力，并争取改革的机会。他们相信自己能感染 9 号追求自己的人生目标。9 号为 1 号的理想带来一些有关思想上的考虑。他们比 1 号较为容易接纳及没有强烈要求，并渴望平和的关系

2 号：热忱、易怒型与其他类型的人如何沟通

1. **案例**

拒绝升迁

李文平老师在公共课教研室主任的岗位上已经工作了 12 年，他的品德与学识颇受同人尊敬，也赢得了不同专业学生的爱戴。最近，学院党委决定将原教务处王处长提拔到更高岗位，学院要求王处长推荐一名教务处处长人选，李文平老师被王处长推荐给了学院。当院长把提升之意传达给李文平老师的时候，却没想到李老师极其明确地表示不接受这次升迁，他认为自己不适合担任教务处长一职，而且对自己目前的状态很满意。

现在，假定李老师是最佳人选，在他拒绝提升的情况下：

（1）结合个性特点分析，假如李文平是 2 号，你会怎么办？

（2）找到自己型号与 2 号交会的型号，并讨论如何站在交会型号的角度与李文平沟通？

2. **点拨**

2 号善于处理人际关系，殷勤周到，喜欢取悦别人并且占有欲强。他们愿意满足他人的需要，希望获得他人的认同和好感，在乎别人对自己的看法。但是，讨厌客观规则和条件，常依赖主观印象和感情处理事情。

2 号非常重视人际关系的作用，领导者与 2 号下属保持良好的私人关系，对 2 号来讲，就意味着领导对他们的肯定。与 2 号沟通，领导者要及时表示出认同和欣赏。如果 2 号认为自己的付出没有得到肯定，会大大影响其工作积极性。因此，与 2 号沟通要讲究方式，尤其不要当众批评 2 号。出现问题，要真诚地指出来，可以学习玫琳凯文化——把批评夹在两片赞美的面包中。领导者不必面面俱到地指导下属工作，也不需要督促下属，只要让下属知道他们的配合对自己很重要，让 2 号感受到领导对他们的尊重，就可以引导 2 号发挥他们非凡的能力来辅助自己完成工作。

(1) 2号在工作中的表现特征

➢ 对待同事处处表现关怀及支持。

➢ 与大多数人相处得很好，投射正面积极及友善的形象。

➢ 遭遇人际冲突或被批评会产生不安。

➢ 有时矛盾不仅来自想取悦人，也来自想跟随本身的意愿做事。

➢ 可以轻易洞悉别人的才干和潜能。

➢ 必须小心对人付出太多，集中照顾人家而忽略本身的需要。

➢ 有时对事情的反应太过激烈而失去平衡。

➢ 不善于一个人做首领，会选择与人合作。

➢ 不能够长时间独自工作，喜欢与人同处。

➢ 只要与身边的人合得来，工作情绪自然高涨。

(2) 沟通策略一：站在2号角度与之沟通

➢ 如果你是2号：

√ 记得告诉别人有关你自己的事情，就如同你请他们告诉你他们的事情一样。

√ 尝试在对话时表达你真正的意思，而不要讨好对方。

√ 如果你感觉别人待你不公，或是被视为理所当然，尽可能冷静地把它说出来。

√ 开口要求你所需要的，而不是去抱怨别人什么也没给你——并不是人人都拥有你那种懂得别人需要什么的知觉。

√ 避免批论他人的倾向，而用迂回的方式来要求对方回馈——直接说出你的要求。

√ 容许别人对你所提供的帮助说不，不要觉得被拒绝很没面子而提供别的事物来代替。

√ 给别人解决自己问题的空间。

➢ 如果你要和2号的人交谈：

√ 告诉他们你很感激他们为你所做的事。

√ 让他们知道，他们不必用特定的方式为你做事或帮助你，来博得你的欢心。

√ 如果你在某方面拒绝了他们，请告诉他们原因，包括你的感觉，这样他们才知道，对你最好的帮助就是不要试图去帮你什么。

√　如果你想为他们做某些事，告诉他们这样也会带给你快乐。

√　邀请他们告诉你有关他们的事——请注意，他们会有把焦点集中于你的倾向。

√　询问他们眼前的感觉，以及此刻有何需要，特别是在他们显得情绪化、若有所思或急性子时。

√　如果他们不知道自己的感觉，或是把话题转移到你本身，不要感到挫折，只要让他们知道你对他们很感兴趣就可以了。

√　态度真诚而直接——他们对操纵伎俩和不真诚的态度非常敏感，假如他们意识到这点，就会把你“三镇出局”。

√　在工作或执行某个方案时，别让他们自己埋首苦干——你要确定沟通的渠道随时畅通。

（3）沟通策略二：站在交会型号的角度与之沟通

表 8－9　　2 号与 3 号的交会点

交会型号	个性交会点	交会点个性相似之处
2 号与 3 号	2 号	1. 两位 2 号在关系中，会给对方带来很多温暖、关爱及感情。他们真诚地关心彼此的关系、对方的需要，并想尽办法为彼此的关系或对方作出贡献 2. 2 号能有效沟通大家的感受。他们均需学习如何接受其他人的帮助及支持，以致能发展出深厚的爱
	3 号	1. 2 号与 3 号有时会被情感需要及寻找别人注意来启动。因此，两种个性都乐于与人相处及寻找成为焦点的机会 2. 2 号乐于为自己的同伴感到骄傲，并为 3 号带来私人关系及人与人之间的互动。3 号希望同伴为自己感到骄傲，并为 2 号带来弹性、实际及目标导向的方向
	4 号	1. 2 号与 4 号能自由地分享他们的情感，他们都愿意追求温情及建立联系 2. 2 号乐意在 4 号有需要的时候伸出援手，外向及主动给予 4 号信心与其他人交往。4 号为 2 号带来创意、美感及丰富的感情，使 2 号能较为放松及充满被爱护的感觉，也使彼此的关系有更深的情感交流

表 8－10　　2 号与 4 号的交会点

交会型号	个性交会点	交会点个性相似之处
2 号与 4 号	1 号	1. 两人都有很强的责任心，并常选择服务别人的角色及职业。他们因此互相吸引 2. 2 号为 1 号带来了不容易有的体谅及情感，1 号亦为 2 号带来了诚信及责任 3. 在关系上他们都是较为独立及成熟的，并可从身边不同的人身上获得情感的需要
	2 号	1. 两位 2 号在关系中，会给对方带来很多温暖、关爱及感情。他们真诚地关心彼此的关系，对方的需要，并想尽办法为彼此的关系或对方作出贡献 2. 2 号能有效沟通大家的感受。他们均需学习如何接受其他人的帮助及支持，以致能发展出深厚的爱
	3 号	1. 2 号与 3 号有时会被情感需要及寻找别人注意来启动。因此，两种个性都乐于与人相处及寻找成为焦点的机会 2. 2 号乐于为自己的同伴感到骄傲，并为 3 号带来私人关系及人与人之间的互动。3 号希望同伴为自己感到骄傲，并为 2 号带来弹性、实际及目标导向的方向
	4 号	1. 2 号与 4 号能自由地分享他们的情感，他们都愿意追求温情及建立联系 2. 2 号乐意在 4 号有需要的时候伸出援手，外向及主动给予 4 号信心与其他人交往。4 号为 2 号带来创意、美感及丰富的感情，使 2 号能较为放松及充满被爱护的感觉，也使彼此的关系有更深的情感交流

表 8－11　　2 号与 5 号的交会点

交会型号	个性交会点	交会点个性相似之处
2 号与 5 号	4 号	1. 2 号与 4 号能自由地分享他们的情感，他们都愿意追求温情及建立联系 2. 2 号乐意在 4 号有需要的时候伸出援手，外向及主动给予 4 号信心与其他人交往。4 号为 2 号带来创意、美感及丰富的感情，使 2 号能较为放松及充满被爱护的感觉，也使彼此的关系有更深的情感交流
	8 号	1. 两种型号都是行动型并希望能对周围的环境产生影响。他们都会成为别人的保护者及供应者，也有很强的决心及责任感 2. 8 号较为实际及关注结果。2 号却多关心人际关系及利他主义。2 号能为 8 号带来情感及欣赏，8 号能为 2 号带来力量及努力

表 8－12　　2 号与 6 号的交会点

交会型号	个性交会点	交会点个性相似之处
2 号与 6 号	3 号	1. 2 号与 3 号有时会被情感需要及寻找别人注意来启动。因此，两种个性都乐于与人相处及寻找成为焦点的机会 2. 2 号乐于为自己的同伴感到骄傲，并为 3 号带来私人关系及人与人之间的互动。3 号希望同伴为自己感到骄傲，并为 2 号带来弹性、实际及目标导向的方向

表 8－13　　2 号与 7 号的交会点

交会型号	个性交会点	交会点个性相似之处
2 号与 7 号	1 号	1. 两人都有很强的责任心，并常选择服务别人的角色及职业。他们因此互相吸引 2. 2 号为 1 号带来了不容易有的体谅及情感，1 号亦为 2 号带来了诚信及责任 3. 在关系上他们都是较为独立及成熟，并可从身边不同的人身上获得情感的需要

续 表

交会型号	个性交会点	交会点个性相似之处
2号与7号	8号	1. 两种型号都是行动型并希望能对周围的环境产生影响。他们都会成为别人的保护者及供应者，也有很强的决心及责任感 2. 8号较为实际及关注结果。2号却多关心人际关系及利他主义。2号能为8号带来情感及欣赏，8号能为2号带来力量及努力

表8－14　2号与8号的交会点

交会型号	个性交会点	交会点个性相似之处
2号与8号	2号	1. 两位2号在关系中，会给对方带来很多温暖、关爱及感情。他们真诚地关心彼此的关系，对方的需要，并想尽办法为彼此的关系或对方作出贡献 2. 2号能有效沟通大家的感受。他们均需学习如何接受其他人的帮助及支持，以致能发展出深厚的爱
	8号	1. 两种型号都是行动型并希望能对周围的环境产生影响。他们都会成为别人的保护者及供应者，也有很强的决心及责任感 2. 8号较为实际及关注结果。2号却多关心人际关系及利他主义。2号能为8号带来情感及欣赏，8号能为2号带来力量及努力

表8－15　2号与9号的交会点

交会型号	个性交会点	交会点个性相似之处
2号与9号	1号	1. 两人都有很强的责任心，并常选择服务别人的角色及职业。他们因此互相吸引 2. 2号为1号带来了不容易有的体谅及情感，1号亦为2号带来了诚信及责任 3. 在关系上他们都是较为独立及成熟，并可从身边不同的人身上获得情感的需要

续　表

交会型号	个性交会点	交会点个性相似之处
2 号与 9 号	3 号	1. 2 号与 3 号有时会被情感需要及寻找别人注意来启动。因此，两种个性都乐于与人相处及寻找成为焦点的机会 2. 2 号乐于为自己的同伴感到骄傲，并为 3 号带来私人关系及人与人之间的互动。3 号希望同伴为自己感到骄傲，并为 2 号带来弹性、实际及目标导向的方向
	8 号	1. 两种型号都是行动型并希望能对周围的环境产生影响。他们都会成为别人的保护者及供应者，也有很强的决心及责任感 2. 8 号较为实际及关注结果。2 号却多关心人际关系及利他主义。2 号能为 8 号带来情感及欣赏，8 号能为 2 号带来力量及努力

3 号：专注、追求型与其他类型的人如何沟通

1. 案例

在你管辖的员工中，王志辉是资历最浅的一位，他加入你部门之后四个月期间，前三个月工作表现奇佳。但最近一个月来，则有每况愈下的迹象。过去数天他竟然接二连三的犯了工作上的错误，其中一些还是很严重的错误。就只有四个月的工作经验的新员工来说，王志辉的工作表现不算太坏。但是令你担心的是，假如他的工作表现继续变坏，那么在两个月后将举行一次半年绩效评估，他极可能被评为表现最差员工。

面对这种情况你该怎么办？

（1）结合个性特点分析，假如李文平是 3 号，你会怎么办？

（2）找到自己型号与3号交会的型号，并讨论如何站在交会型号的角度与王志辉沟通？

2. **点拨**

3号能力出众，负责，目标感强，注重外表形象，精于打扮。他们重视结果而非手段，追求成就感，并由取得的成功和声望来寻求认可。他们讲究效率，喜欢竞争，对工作狂热，不怕犯错，敢于大胆尝试，但不太擅长处理复杂的人际关系。

与3号沟通，领导者没必要利用感情作为处事的砝码。在分配任务时，要直接切入重点，给他们执行的摘要及辅助资料，强调结果与行动要点，应在第一时间告诉他们你期望的结果是什么。如果希望3号改变想法和行为方式，只要告诉他们这样做可能会有助于他们获得更好的结果即可。领导者要重视他们的能力和才华，及时给予鼓励和奖励。

（1）3号在工作中的表现特征

➢ 重视成功，肯为成功付出最大的努力。

➢ 尽力避免失败、障碍。

➢ 具有强烈的目标感。

➢ 一有机会喜欢马上投入工作，不耐烦慢动作和“阻碍地球转”的人。

➢ 不能明白为何有些人那么谨慎，事事都要细致地策划才付诸行动。

➢ 富于自信、欢迎竞争。

➢ 是实用主义的信徒，为了提高效率，可以随时更改游戏规则。

➢ 将工作放在家庭前面。

➢ 不喜欢拿时间出来轻松一下，也不喜欢花时间去建立人际关系。

（2）沟通策略一：站在3号角度与之沟通

➢ 如果你是3号：

√ 切记，许多人不像你天生具有野心——花点工夫去倾听他们并认同他们的长处。

√ 注意你是否在压榨别人——告诉他们你的感觉，并仔细考虑他们必须说的是什么。

√ 切记，你很容易在视觉上分心，所以有重要的会谈时，要约在不会让你视觉分心的地方。

√　让人们知道你真正的感觉——他们可能会因此更喜欢你，而不是更糟。

√　让人们知道你很感激他们的贡献，不论是工作或是友谊。

√　花时间去倾听人们的感觉，特别是那些你所爱的人。

√　如果你听到自己用快速的答案或解决方式回嘴，请停下来想想你当下的感觉，并提出来沟通。

➢ 如果你要和 3 号的人交谈：

√　批评只会逼迫他们更卖力地“演出”。

√　如果你希望他们改变对某件事的做法，或是考虑变通方案，向他们表明这样做将帮助他们得到更好的结果。

√　切记，如果你过度说明一个观点，他们就会转移话题。

√　为了达成正面的接触，请配合他们的精力——只要他们和你在同一阵线，你就可以多少改变事情的步调。

√　如果你有被他们操纵或是高压强制的感觉，让他们知道你的感受——他们可能根本不知道自己有此作为，更何况他们也不喜欢伤害别人。

√　如果他们转移目标或太快展开下一步行动，请问他们能否稍微放慢速度，并告诉他们原因。

√　如果你喜欢他们而且乐于他们的陪伴，就开口告诉他们——他们不容易相信自己是有价值的。

（3）沟通策略二：站在交会型号的角度与之沟通

表 8－16　　3 号与 4 号的交会点

交会型号	个性交会点	交会点个性相似之处
3 号与 4 号	2 号	1. 2 号与 3 号有时会被情感需要及寻找别人注意来启动。因此，两种个性都乐于与人相处及寻找成为焦点的机会 2. 2 号乐于为自己的同伴感到骄傲，并为 3 号带来私人关系及人与人之间的互动。3 号希望同伴为自己感到骄傲，并为 2 号带来弹性、实际及目标导向的方向

续 表

交会型号	个性交会点	交会点个性相似之处
3号与4号	3号	1. 两位3号都会重视成就，追求卓越，互相支持，把握机会，尽量发挥。他们注重自己对关系和团体的贡献，受对方和他人的尊敬。他们会努力工作，也喜欢结交朋友，把自己的成就与身边人分享，更让对方为自己骄傲 2. 两位3号往往非常有吸引力，成功，上进又有活力。他们互相鼓励，互相合作，往往能令双方都更上一层楼
	4号	1. 3号和4号都以情感反应为主导，所以他们的关系往往是热切而有激情的。他们都注重形象，对别人怎么看自己很敏感，所以他们往往是一对高雅，有品位，有活力的伴侣 2. 4号可以带给3号怎样更深地感受自己，能够与自己内心深层的联系是一般3号重要的突破。3号会带给4号比较实际的技巧能力，如管理自己的情绪，或比较专业上的技能

表8-17　　3号与5号的交会点

交会型号	个性交会点	交会点个性相似之处
3号与5号	4号	1. 3号和4号都以情感反应为主导，所以他们的关系往往是热切而有激情的。他们都注重形象，对别人怎么看自己很敏感，所以他们往往是一对高雅，有品位，有活力的伴侣 2. 4号可以带给3号怎样更深地感受自己，能够与自己内心深层的联系是一般3号重要的突破。3号会带给4号比较实际的技巧能力，如管理自己的情绪，或比较专业上的技能
	6号	1. 3号和6号都是勤劳实干的人，知道想要成功需要下工夫。他们都想在现实世界里留下一点自己的成就 2. 6号带给3号多一点诚恳，忠心，一种默默耕耘的心态，可以帮3号打开自己的心。3号带给6号乐观自信，对成功充满信心和动力。这个组合往往可以保持持久的关系

表 8 – 18　　3 号与 6 号的交会点

交会型号	个性交会点	交会点个性相似之处
3 号与 6 号	3 号	1. 两位 3 号都会重视成就，追求卓越，互相支持，把握机会，尽量发挥。他们注重自己对关系和团体的贡献，受对方和他人的尊敬。他们会努力工作，也喜欢结交朋友，把自己的成就与身边人分享，更让对方为自己骄傲 2. 两位 3 号往往非常有吸引力，成功，上进又有活力。他们互相鼓励，互相合作，往往能令双方都更上一层楼
	6 号	1. 3 号和 6 号都是勤劳实干的人，知道想要成功需要下工夫。他们都想在现实世界里留下一点自己的成就 2. 6 号带给 3 号多一点诚恳，忠心，一种默默耕耘的心态，可以帮 3 号打开自己的心。3 号带给 6 号乐观自信，对成功充满信心和动力。这个组合往往可以保持持久的关系
	9 号	1. 3 号和 9 号都不喜欢冲突斗争，情愿正面地看事物。9 号是一种真正的豁达乐观，而 3 号则是既想保持正面，也不想让别人看到自己悲伤消极 2. 9 号带给 3 号很大的宽容和支持鼓励，更对 3 号的成就感到骄傲。这让 3 号感觉有很大空间可以活出自己，成就自己最宏大的理想。3 号带给 9 号更强的自我价值，自尊心和自我增值的动力。9 号给 3 号带来更大的动力，让彼此的关系更加丰富多元化

表 8 – 19　　3 号与 7 号的交会点

交会型号	个性交会点	交会点个性相似之处
3 号与 7 号	6 号	1. 3 号和 6 号都是勤劳实干的人，知道想要成功需要下工夫。他们都想在现实世界里留下一点自己的成就 2. 6 号带给 3 号多一点诚恳，忠心，一种默默耕耘的心态，可以帮 3 号打开自己的心。3 号带给 6 号乐观自信，对成功充满信心和动力。这个组合往往可以保持持久的关系

表 8－20　3 号与 8 号的交会点

交会型号	个性交会点	交会点个性相似之处
3 号与 8 号	2 号	1. 2 号与 3 号有时会被情感需要及寻找别人注意来启动。因此，两种个性都乐于与人相处及寻找成为焦点的机会 2. 2 号乐于为自己的同伴感到骄傲，并为 3 号带来私人关系及人与人之间的互动。3 号希望同伴为自己感到骄傲，并为 2 号带来弹性、实际及目标导向的方向
	9 号	1. 3 号和 9 号都不喜欢冲突斗争，情愿正面地看事物。9 号是一种真正的豁达乐观，而 3 号则是既想保持正面，也不想让别人看到自己悲伤消极 2. 9 号带给 3 号很大的宽容和支持鼓励，更对 3 号的成就感到骄傲。这让 3 号感觉有很大空间可以活出自己，成就自己最宏大的理想。3 号带给 9 号更强的自我价值，自尊心和自我增值的动力。9 号给 3 号带来更大的动力，让彼此的关系更加丰富多元化

表 8－21　3 号与 9 号的交会点

交会型号	个性交会点	交会点个性相似之处
3 号与 9 号	3 号	1. 两位 3 号都会重视成就，追求卓越，互相支持，把握机会，尽量发挥。他们注重自己对关系和团体的贡献，受对方和他人的尊敬。他们会努力工作，也喜欢结交朋友，把自己的成就与身边人分享，更让对方为自己骄傲 2. 两位 3 号往往非常有吸引力，成功，上进又有活力。他们互相鼓励，互相合作，往往能令双方都更上一层楼
	6 号	1. 3 号和 6 号都是勤劳实干的人，知道想要成功需要下工夫。他们都想在现实世界里留下一点自己的成就 2. 6 号带给 3 号多一点诚恳，忠心，一种默默耕耘的心态，可以帮 3 号打开自己的心。3 号带给 6 号乐观自信，对成功充满信心和动力。这对组合往往可以保持持久的关系

续 表

交会型号	个性交会点	交会点个性相似之处
3 号与 9 号	9 号	1. 3 号和 9 号都不喜欢冲突斗争，情愿正面地看事物。9 号是一种真正的豁达乐观，而 3 号则是既想保持正面，也不想让别人看到自己悲伤消极 2. 9 号带给 3 号很大的宽容和支持鼓励，更对 3 号的成就感到骄傲。这让 3 号感觉有很大空间可以活出自己，成就自己最宏大的理想。3 号带给 9 号更强的自我价值，自尊心和自我增值的动力。9 号给 3 号带来更大的动力，让彼此的关系更加丰富多元化

4 号：浪漫、情绪型与其他类型的人如何沟通

1. **案例**

你最近发觉属下肖士良情绪不稳定。他对同事时时动怒。于是，你向他周围的同事打听他情绪不稳的原因。结果有人提供线索，原来肖士良最近发生一连串的家庭纠纷。

身为管理者，你该怎么办？

（1）结合个性特点分析，假如你的员工是 4 号，你怎么办？

（2）找到自己型号与 4 号交会的型号，并讨论如何站在交会型号的角度与肖士良沟通？

2. **点拨**

4 号忧伤而敏感，感情丰富、夸张，自我沉溺并且有灵性，具有艺术气质。4 号的创造力及自我表现欲强烈，做事高标准，往往表现非凡。他们虽然行事大胆、冲动，不怕失败，喜欢冒险，但当情绪低落时，表现在外的却可能是极度忧郁和古怪的行为。

与 4 号沟通，领导者要尽量采纳 4 号的表达方式，既重视他们的感觉，

也要让他们知道你的感觉和想法。如果他们受情绪困扰难以自拔时，问问他们当下的感受，让他们有机会抒发情绪，而不要试图通过施压、辩论或用金钱等物质刺激使其改变品位或风格。如果工作中领导者与4号发生冲突，比较好的沟通方式是认同4号的做事标准，并在时间、成本等其他方面帮他们分析问题所在，然后把问题交给他们来解决。

(1) 4号在工作中的表现特征

➢ 保持独特是很重要的。

➢ 必须经常接触到真正的内在感受。

➢ 不喜欢枯燥无味的工作，喜欢有意义的工作。

➢ 对肤浅的人感到不耐烦。

➢ 凡事追求深层的意义。

➢ 在个人生活及工作上都找寻方式去表达创意。

➢ 具有良好的审美眼光，善于美化环境。

➢ 能够感同身受。

➢ 有时情绪化，对情绪平稳的人会造成困扰。

(2) 沟通策略一：站在4号角度与之沟通

➢ 如果你是4号：

√ 切记，大多数的人对感觉的感应力并不像你。

√ 告诉人们你当时的感觉，而不是等他们去猜，好证明他们对你够了解。

√ 在讨论时要提防自己陷入情绪化的回应里。

√ 尝试专注于每个当下。

√ 如果有必要，告诉人们你可能会过度情绪化，或是分散注意力，并请他们帮助你保持稳定。

√ 如果你觉得自己沉迷于情绪而不可自拔时，邀请人们帮助你开朗起来。

√ 当你觉得低人一等或受到迫害时，提防自己变的冷嘲热讽。换个方式，告诉人们你当下的感觉，并询问他们所看到的情况为何。

➢ 如果你要和4号的人交谈：

√ 密切配合他们，让他们感受到你的支持。如果他们觉得你够了解他们，你就能改变步调，也会因此舒服些。

√　要求帮助时要直截了当，虽然他们看起来总是热衷于自己的事情，却很乐意帮你的忙。

√　让他们知道你的感觉、反应和想法。

√　切记，他们的情绪是真实的，即使你认为他们过度膨胀，也不要试图叫他们恢复。

√　承认他们的感觉，即使是在理性的讨论时。

√　如果你感觉到他们处在“某种情绪”里，询问他们此刻有什么感觉。

√　称赞他们，特别是称赞他们富有创意又独特的贡献，而非称赞他们的成果。

√　倾听他们的直觉，他们可能具有你所看不到的见解。

√　切记，他们的自我评价不高，即使这看不出来，也要让他们知道你在乎他们、重视他们。

（3）沟通策略二：站在交会型号的角度与之沟通

表 8 – 22　　4 号与 5 号的交会点

交会型号	个性交会点	交会点个性相似之处
4 号与 5 号	4 号	1. 和一般双号型的关系没区别，两位 4 号都会带给对方相同的特质，然而他们个性上各自的健康程度和主导本能，在这种双号型的关系中更为重要。双 4 的亲密关系，通常有着很深的友谊基础，因为 4 号常常感到不被别人所明白，所以很自然地会跟其他 4 号在此方面有着特殊的共鸣。他们互相倾诉种种故事，如童年的不快，私底下的梦想，或是令他们失落的事情。双方在情感上的表达都抱开放的态度，对相方在心灵上的需要都十分敏感，双方都同样地寻找着对方的认同，而在持续的关系中，他们有很高的成功机会 2. 因为双方对自己和对方的情感都很了解，这段关系存在着温柔及互相尊重。在安全的环境中，双方可以从成长路上的黑暗和孤寂中找寻到一点会心微笑。在互相的支持下，他们也无惧揭开深处的创伤或其他个人的难题

续 表

交会型号	个性交会点	交会点个性相似之处
4号与5号	5号	1. 4号会带来艺术及情感上的气质，内省的习惯及对己对人的敏锐感觉；5号会带来一种询问和好奇的气质，一种每事问和对各事物感兴趣的习惯，他们不介意放下（过时）旧有的思想。4号会贡献美学上的欣赏和心灵上的发现。两种型号的人都喜欢私人空间及深度，他们不介意用时间去探索事物和慢慢地品尝种种丰富的经验。4号和5号也许有他们不同的兴趣，但他们会欣赏及尊重不同的角度，对伴侣的感觉和兴趣给予很大的空间 2. 两种型号的人都可以极有创意，而双方亦喜欢与对方分享他们的发现。广泛、刺激及开放的交谈，成为4号跟5号关系中的标志。这些交流上的激情及他们对双方的诚恳，都可以在这两种型号的关系中找到。4号和5号通常都带些特别的幽默感，他们对奇异东西的喜好，都给予这段关系一种古怪及独特的味道，这是因为他俩都有“局外人”的感觉。5号用不同的角度和世界观将4号带出自我的世界。4号帮助5号联系到他们的自我感受。他们对对方有一种很强的容忍力，因为双方都不是很容易受惊的型号。他们都觉得对方有趣及不介意对方的古怪习惯。双方都能引发对方的创意，给予对方空间及支持对方发掘个人的梦想

表8-23　　4号与6号的交会点

交会型号	个性交会点	交会点个性相似之处
4号与6号	3号	1. 3号和4号都以情感反应为主导，所以他们的关系往往是热切而有激情的。他们都注重形象，对别人怎么看自己很敏感，所以他们往往是一对高雅，有品位，有活力的伴侣 2. 4号可以带给3号怎样更深地感受自己，能够与自己内心深层的联系是一般3号重要的突破。3号会带给4号比较实际的技巧能力，如管理自己的情绪，或比较专业上的技能

续　表

交会型号	个性交会点	交会点个性相似之处
4 号与 6 号	5 号	1. 4 号会带来艺术及情感上的气质，内省的习惯及对己对人的敏锐感觉；5 号会带来一种询问和好奇的气质，一种每事问和对各事物感兴趣的习惯，他们不介意放下（过时）旧有的思想。4 号会贡献美学上的欣赏和心灵上的发现。两种型号的人都喜欢私人空间及深度，他们不介意用时间去探索事物和慢慢地品尝种种丰富的经验。4 号和 5 号也许有他们不同的兴趣，但他们会欣赏及尊重不同的角度，对伴侣的感觉和兴趣给予很大的空间 2. 两种型号的人都可以极有创意，而双方亦喜欢与对方分享他们的发现。广泛、刺激及开放的交谈，成为 4 号跟 5 号关系中的标志。这些交流上的激情及他们对双方的诚恳，都可以在这两种型号的关系中找到。4 号和 5 号通常都带些特别的幽默感，他们对奇异东西的喜好，都给予这段关系一种古怪及独特的味道，这是因为他俩都有“局外人”的感觉。5 号用不同的角度和世界观将 4 号带出自我的世界。4 号帮助 5 号联系到他们的自我感受。他们对对方有一种很强的容忍力，因为双方都不是很容易受惊的型号。他们都觉得对方有趣及不介意对方的古怪习惯。双方都能引发对方的创意，给予对方空间及支持对方发掘个人的梦想

表 8－24　　4 号与 7 号的交会点

交会型号	个性交会点	交会点个性相似之处
4 号与 7 号	1 号	1. 两者都渴望将一些美好的东西带到世界当中。1 号在 4 号复杂的感受及自我怀疑中提供意见 2. 4 号为 1 号在固执及理性当中带来了创新、感觉及启发。1 号为 4 号带来了自我控制，而 4 号却帮助 1 号去体验不同的情感及热情。若他们能互相欣赏对方，他们便能长久维持一段良好及平衡的关系

续 表

交会型号	个性交会点	交会点个性相似之处
4号与7号	5号	1. 4号会带来艺术及情感上的气质，内省的习惯及对己对人的敏锐感觉；5号会带来一种询问和好奇的气质，一种每事问和对各事物感兴趣的习惯，他们不介意放下（过时）旧有的思想。4号会贡献美学上的欣赏和心灵上的发现。两种型号的人都喜欢私人空间及深度，他们不介意用时间去探索事物和慢慢地品尝种种丰富的经验。4号和5号也许有他们不同的兴趣，但他们会欣赏及尊重不同的角度，对伴侣的感觉和兴趣给予很大的空间 2. 两种型号的人都可以极有创意，而双方亦喜欢与对方分享他们的发现。广泛、刺激及开放的交谈，成为4号跟5号关系中的标志。这些交流上的激情及他们对双方的诚恳，都可以在这两种型号的关系中找到。4号和5号通常都带些特别的幽默感，他们对奇异东西的喜好，都给予这段关系一种古怪及独特的味道，这是因为他俩都有“局外人”的感觉。5号用不同的角度和世界观将4号带出自我的世界。4号帮助5号联系到他们的自我感受。他们对对方有一种很强的容忍力，因为双方都不是很容易受惊的型号。他们都觉得对方有趣及不介意对方的古怪习惯

表8－25　　　　4号与8号的交会点

交会型号	个性交会点	交会点个性相似之处
4号与8号	2号	1. 2号与4号能自由地分享他们的情感，他们都愿意追求温情及建立联系 2. 2号乐意在4号有需要的时候伸出援手，外向及主动给予4号信心与其他人交往。4号为2号带来创意、美感及丰富的感情，使2号能较为放松及充满被爱护的感觉，也使彼此的关系有更深的情感交流

续　表

交会型号	个性交会点	交会点个性相似之处
4 号与 8 号	5 号	1. 4 号会带来艺术及情感上的气质，内省的习惯及对己对人的敏锐感觉；5 号会带来一种询问和好奇的气质，一种每事问和对各事物感兴趣的习惯，他们不介意放下（过时）旧有的思想。4 号会贡献美学上的欣赏和心灵上的发现。两种型号的人都喜欢私人空间及深度，他们不介意用时间去探索事物和慢慢地品尝种种丰富的经验。4 号和 5 号也许有他们不同的兴趣，但他们会欣赏及尊重不同的角度，对伴侣的感觉和兴趣给予很大的空间 2. 两种型号的人都可以极有创意，而双方亦喜欢与对方分享他们的发现。广泛、刺激及开放的交谈，成为 4 号跟 5 号关系中的标志。这些交流上的激情及他们对双方的诚恳，都可以在这两种型号的关系中找到。4 号和 5 号通常都带些特别的幽默感，他们对奇异东西的喜好，都给予这段关系一种古怪及独特的味道，这是因为他俩都有“局外人”的感觉。5 号用不同的角度和世界观将 4 号带出自我的世界。4 号帮助 5 号联系到他们的自我感受。他们对对方有一种很强的容忍力，因为双方都不是很容易受惊的型号。他们都觉得对方有趣及不介意对方的古怪习惯

表 8－26　　4 号与 9 号的交会点

交会型号	个性交会点	交会点个性相似之处
4 号与 9 号	1 号	1. 两者都渴望将一些美好的东西带到世界当中。1 号在 4 号复杂的感受及自我怀疑中提供意见 2. 4 号为 1 号在固执及理性当中带来了创新、感觉及启发。1 号为 4 号带来了自我控制，而 4 号却帮助 1 号去体验不同的情感及热情。若他们能互相欣赏对方，他们便能长久维持一段良好及平衡的关系
	3 号	1. 3 号和 4 号都以情感反应为主导，所以他们的关系往往是热切而有激情的。他们都注重形象，对别人怎么看自己很敏感，所以他们往往是一对高雅，有品位，有活力的伴侣 2. 4 号可以带给 3 号怎样更深地感受自己，能够与自己内心深层的联系是 1 般 3 号重要的突破。3 号会带给 4 号比较实际的技巧能力，如管理自己的情绪，或比较专业上的技能

5号：探究、木讷型与其他类型的人如何沟通

1. **案例**

张柏村在过去两年一直是某工厂的领班，他手下共有八位作业员。凡事他都亲力亲为，因此对手下八位作业员所履行的工作均十分熟悉。他始终要求自己比任何一位手下之工作效率都要高。只要任何一位下属无法在限定期间内完成工作，张柏村随时会提供必要的协助。基于此，这一群作业员在张柏村的领导下，斗志高昂，工作成效卓著。

由于张柏村的良好表现，上司晋升他为总领班，并让他直接督导50位作业员。在新的工作场所里，这50位作业员被分到工厂大厦的第6、7、8层工作。张柏村以现有的方式督导作业员，夜以继日的工作，他在三个楼面之间爬来爬去，但作业员经常感到他不在场（例如，6楼的作业员需要帮助的时候，他却在8层）。

张柏村开始迷茫，他似乎没有机会静下来思考他的处境。最令他大惑不解的是，在晋升之前他的工作表现极佳，而现在即使每天工作12个小时，结果还是事倍功半。令他感到担心的是，情况若无法改变，他迟早会被调回原职，甚至遭到解聘。

（1）结合个性特点分析，假如张柏村是5号，你怎么办？

（2）找到自己型号与5号交会的型号，并讨论如何站在交会型号的角度与张柏村沟通？

2. **点拨**

5号聪明、客观，分析能力强、不容易分心，善于思考事情的本源，是不倦的学习者和实验者。他们重视隐私而且敏感，总是在情感上与他人保持一定的距离，喜欢独立作业，不喜欢受到他人的督导。

5号不擅长人际交往，作决定前习惯于有充足的时间作准备。领导者与5号沟通，要保持理性、直率和适度，不要表现出依赖和过于亲密，关注5号

的工作而非其生活。领导者与 5 号交谈时要给他们留有适度的思考时间和空间，要求他们作决定时也应尽量给他们独处的时间和空间。如果想说服 5 号，不要试图用权力压迫，而要用数字来说话，用事实进行逻辑分析，给他们时间来理清思路。如果下属是 5 号，那么建立起与其直接沟通的渠道，会收到更好的工作效果。

(1) 5 号在工作中的表现特征

➢ 是行业中的专家，善于设计策略。

➢ 喜爱学习及囤积知识。

➢ 容易掌握概念，而对人的知识却相当贫乏。

➢ 注重个人空间及时间，与人相处太久会产生疲累感。

➢ 当有充分的准备时，可成为出色的导师。

➢ 是上佳的观察家，是生命的旁观者。

➢ 不会贸然参与他人的活动，因为必须保存个人的资源。

➢ 可以长时期单独工作，被人认为为人退缩及不愿意支持别人。

➢ 绝对自给自足，又能自我推动。

➢ 拥有丰富的内在世界。

(2) 沟通策略一：站在 5 号角度与之沟通

➢ 如果你是 5 号：

√　你越是退缩，就诱发越多你不想要的事物，所以，如果可以的话，告诉人们你的感觉，纵使只是因为你需要空间。

√　让人们知道，在你作决定之前，你需要时间思考，而他们的出现会扰乱你思考的过程。

√　让朋友知道，并不是你没有感觉，只是在那时你的表达有困难。

√　提出明确的讨论时间，以免让人觉得被你搪塞蒙骗了。

√　让人知道要你坚持己见是很困难的。

√　如果你觉得别人在命令你，告诉他们你所感觉到的冲击——别人可能不是有意如此的。

√　试图回应别人的感觉及话语，这样他们才不会觉得被拒绝或被打发。

➢ 如果你要和5号的人交谈：

√ 请觉察他们对非言语的征兆非常敏感，如果你没有表现出很感兴趣或不具威胁的样子，他们就会退缩。

√ 假如他们退缩了，别放在心上，切记他们在表达自己这方面有困难。

√ 尊重他们的界限，不要依恋或显得依赖。

√ 如果你必须跟他们谈话，要事先知会他们。

√ 给他们单独的时间去作决定。

√ 不要过度赞美，让他们自行处理能显现出你信任他们会做得很好。

√ 沉默不是拒绝，如果他们人在那里，那是他们想要在那里；联系的方式也许就是微笑。

√ 请直接而实际，以适切的方式来陈述感觉。

√ 当你要求某件事的时候，要确定你的表达方式是一种请求，而非要求。

√ 切记，如果他们显得傲慢、疏离或易被激怒，可能是因为他们感到不舒服。

(3) 沟通策略二：站在交会型号的角度与之沟通

表8－27　5号与6号的交会点

交会型号	个性交会点	交会点个性相似之处
5号与6号	5号	1. 对5号来说，另一个5号简直就是心目中完美的同伴：知识丰富，思考敏捷，独立，想象力丰富，安静寡言（除非话题与共同的兴趣有关），注重事实（而不是主观或感情用事），不会侵犯他人隐私，但随时准备好来一场针锋相对的辩论。既然他们自己不愿受到任何控制，甚至不愿让其他人对自己的事情知道得太多，5号也会给予他人十分充分的私人及情感的空间。所以有距离，互相尊重，有礼节，有好的个人界限，以及相互之间要求不多，都是典型两位5号配对的特质 2. 当然5号对同伴的个人生活也会好奇，但是有关个人空间的问题，5号是会非常被动和迟疑的

续　表

交会型号	个性交会点	交会点个性相似之处
5 号与 6 号	6 号	1. 双方都十分尊重对方的智力，全面的思考能力以及专业上的知识。两种型号的人都拥有尊重细节，客观性的事实，准确性和能够非常客观地分析事情而不融入主观意见或偏见的能力。5 号也会提供他的冷静，独立的客观性，不平常和尖锐的好奇心和一种不愿妥协、接受肤浅的，太简单或片面答案的心态。相对地，6 号带来稳定的价值观和信念。当然这会令 6 号失去客观性，但他们感性上的反应包括他们的焦虑和恐惧，令 6 号更人性化，更有同理心 2. 6 号比较会显露他们内心的疑问，也经常会依赖自己信赖的权威来给自己意见和指引。相对来说，5 号对自己独立思考和处理新事物的能力更有自信，也不容易信赖权威，更会怀疑或否定一般的权威。6 号的关心往往能突破 5 号自我孤立的防线。所以 5 号跟 6 号之间常会有一种理性的共栖关系，从怀疑到决定，从问题到答案，从事件的处理到事件的发现，往往有不断的刺激
	7 号	1. 5 号与 7 号都是头脑型，所以都会带有很强的脑能量到他们的关系里，能够注重和珍惜很多不同的想法。他们是互补不足，相辅相成的。从正面来看，5 号带来深度、清晰度和一种对客观事实的洞察力。当然，5 号是思考敏捷，热爱知识，更有一种独树一帜的风趣幽默感。7 号也带来他的敏捷，不过不只是思考上的敏捷，更是精神上的敏捷——随时准备好坐言起行，不论是上街看电影或环游世界，不管是搬动客厅的家私或是举家移民，都可说做就做。7 号也是独立的，不过他们喜欢旁边有人能够参与和提高他们生命里的欢乐气氛 2. 5 号比较倾向俭朴，对金钱和资源都会比较节俭。5 号也比较喜欢独处，不容易和陌生人打成一片，当然混熟了另当别论。5 号会令 7 号更踏实，更有深度，更能够认真地对待自己和自己的兴趣，把精力集中于坚持一件事直到有成果为止。7 号会令 5 号有更多新的尝试、新的体验，包括新的社交圈子、新的朋友。这一对从不同的人生观带来相反的特性，如 5 号说："人生苦短，不可期望过高"，7 号说："人生苦短，样样都要一试"，正是他们相辅相成的基础

表 8－28　　5 号与 7 号的交会点

交会型号	个性交会点	交会点个性相似之处
5 号与 7 号	5 号	1. 对 5 号来说，另一个 5 号简直就是心目中完美的同伴：知识丰富，思考敏捷，独立，想象力丰富，安静寡言（除非话题与共同的兴趣有关），注重事实（而不是主观或感情用事），不会侵犯他人隐私，但随时准备好来一场针锋相对的辩论。既然他们自己不愿受到任何控制，甚至不愿让其他人对自己的事情知道得太多，5 号也会给予他人十分充分的私人及情感的空间。所以有距离，互相尊重，有礼节，有好的个人界限，以及相互之间要求不多，都是典型两位 5 号配对的特质 2. 当然 5 号对同伴的个人生活也会好奇，但是有关个人空间的问题，5 号是会非常被动和迟疑的
	6 号	1. 双方都十分尊重对方的智力，全面的思考能力以及专业上的知识。两种型号的人都拥有尊重细节，客观性的事实，准确性和能够非常客观地分析事情而不融入主观意见或偏见的能力。5 号也会提供他的冷静，独立的客观性，不平常和尖锐的好奇心和一种不愿妥协、接受肤浅的，太简单或片面答案的心态。相对地，6 号带来稳定的价值观和信念。当然这会令 6 号失去客观性，但他们感性上的反应包括他们的焦虑和恐惧，令 6 号更人性化，更有同理心 2. 6 号比较会显露他们内心的疑问，也经常会依赖自己信赖的权威来给自己意见和指引。相对来说，5 号对自己独立思考和处理新事物的能力更有自信，也不容易信赖权威，更会怀疑或否定一般的权威。6 号的关心往往能突破 5 号自我孤立的防线。所以 5 号跟 6 号之间常会有一种理性的共栖关系，从怀疑到决定，从问题到答案，从事件的处理到事件的发现，往往有不断的刺激

续　表

交会型号	个性交会点	交会点个性相似之处
5 号与 7 号	7 号	1. 5 号与 7 号都是头脑型，所以都会带有很强的脑能量到他们的关系里，能够注重和珍惜很多不同的想法。他们是互补不足，相辅相成的。从正面来看，5 号带来深度、清晰度和一种对客观事实的洞察力。当然，5 号是思考敏捷，热爱知识，更有一种独树一帜的风趣幽默感。7 号也带来他的敏捷，不过不只是思考上的敏捷，更是精神上的敏捷——随时准备好坐言起行，不论是上街看电影或环游世界，不管是搬动客厅的家私或是举家移民，都可说做就做。7 号也是独立的，不过他们喜欢旁边有人能够参与和提高他们生命里的欢乐气氛 2. 5 号比较倾向俭朴，对金钱和资源都会比较节俭。5 号也比较喜欢独处，不容易和陌生人打成一片，当然混熟了另当别论。5 号会令 7 号更踏实，更有深度，更能够认真地对待自己和自己的兴趣，把精力集中于坚持一件事直到有成果为止。7 号会令 5 号有更多新的尝试新的体验，包括新的社交圈子、新的朋友。这一对从不同的人生观带出来相反的特性，如 5 号说“人生苦短，不可期望过高”，7 号说“人生苦短，样样都要一试”这正是他们相辅相成的基础
	8 号	1. 这两个型号是相辅相成的。他们各自带来对方所缺乏但未必察觉的特质。5 号需要与自己的身体和直觉有更好的联系，更多参与在现实世界里从而感受到自己的能力和力量。他们可以在 8 号的身上学到这些。另外，8 号需要多考虑自己行为的后果，多方面去考量事情，三思而后行。这些是从 5 号身上可以学到的 2. 从另一角度来看，5 号跟 8 号都坚持自己的独立自主，不会接受旁人的干扰。他们也都对界限有一种敏感度和尊重，不喜欢被侵犯。这两型也都同时会感到与周遭环境格格不入，所以往往会明白对方的基本心态而不需只言片语。他们都需要自己的空间，但是他们可以看到互相防线背后的那份对尊严的执著和藏匿起来的脆弱而产生的联系和一种共鸣。这是可以达到既有力量又有深度，既有行动又有深思，既有卓越才华更有鲁莽脾气的不可小看的一对

表 8－29　　5 号与 8 号的交会点

交会型号	个性交会点	交会点个性相似之处
5 号与 8 号	5 号	1. 对 5 号来说，另一个 5 号简直就是心目中完美的同伴：知识丰富，思考敏捷，独立，想象力丰富，安静寡言（除非话题与共同的兴趣有关），注重事实（而不是主观或感情用事），不会侵犯他人隐私，但随时准备好来一场针锋相对的辩论。既然他们自己不愿受到任何控制，甚至不愿让其他人对自己的事情知道得太多，5 号也会给予他人十分充分的私人及情感的空间。所以有距离，互相尊重，有礼节，有好的个人界限，以及相互之间要求不多，都是典型两位 5 号配对的特质 2. 当然 5 号对同伴的个人生活也会好奇，但是有关个人空间的问题，5 号是会非常被动和迟疑的
	7 号	1. 5 号与 7 号都是头脑型，所以都会带有很强的脑能量到他们的关系里，能够注重和珍惜很多不同的想法。他们是互补不足，相辅相成的。从正面来看，5 号带来深度，清晰度和一种对客观事实的洞察力。当然，5 号是思考敏捷，热爱知识，更有一种独树一帜的风趣幽默感。7 号也带来他的敏捷，不过不只是思考上的敏捷，更是精神上的敏捷——随时准备好坐言起行，不论是上街看电影或环游世界，不管是搬动客厅的家私或是举家移民，都可说做就做。7 号也是独立的，不过他们喜欢旁边有人能够参与和提高他们生命里的欢乐气氛 2. 5 号比较倾向俭朴，对金钱和资源都会比较节俭。5 号也比较喜欢独处，不容易和陌生人打成一片，当然混熟了另当别论。5 号会令 7 号更踏实，更有深度，更能够认真地对待自己和自己的兴趣，把精力集中于坚持一件事直到有成果为止。7 号会令 5 号有更多新的尝试新的体验，包括新的社交圈子、新的朋友。这一对从不同的人生观带来相反的特性，如 5 号说“人生苦短，不可期望过高”，7 号说“人生苦短，样样都要一试”正是他们相辅相成的基础

续　表

交会型号	个性交会点	交会点个性相似之处
5 号与 8 号	8 号	1. 这两个型号是相辅相成的。他们各自带来对方所缺乏但未必察觉的特质。5 号需要与自己的身体和直觉有更好的联系，更多参与在现实世界里从而感受到自己的能力和力量。他们可以在 8 号的身上学到这些。另外，8 号需要多考虑自己行为的后果，多方面去考量事情，三思而后行。这些是从 5 号身上可以学到的 2. 从另一角度来看，5 号跟 8 号都坚持自己的独立自主，不会接受旁人的干扰。他们也都对界限有一种敏感度和尊重，不喜欢被侵犯。这两型也都同时会感到与周遭环境格格不入，所以往往会明白对方的基本心态而不需只言片语。他们都需要自己的空间，但是他们可以看到互相防线背后的那份对尊严的执著和藏匿起来的脆弱而产生的联系和一种共鸣。这是可以达到既有力量又有深度，既有行动又有深思，既有卓越才华更有鲁莽脾气的不可小看的一对

表 8－30　　5 号与 9 号的交会点

交会型号	个性交会点	交会点个性相似之处
5 号与 9 号	6 号	1. 双方都十分尊重对方的智力，全面的思考能力以及专业上的知识。两种型号的人都拥有尊重细节，客观性的事实，准确性和能够非常客观地分析事情而不融入主观意见或偏见的能力。5 号也会提供他的冷静，独立的客观性，不平常和尖锐的好奇心和一种不愿妥协、接受肤浅的，太简单或片面答案的心态。相对地，6 号带来稳定的价值观和信念。当然这会令 6 号失去客观性，但他们感性上的反应包括他们的焦虑和恐惧，令 6 号更人性化，更有同理心 2. 6 号比较会显露他们内心的疑问，也经常会依赖自己信赖的权威来给自己意见和指引。相对来说，5 号对自己独立思考和处理新事物的能力更有自信，也不容易信赖权威，更会怀疑或否定一般的权威。6 号的关心往往能突破 5 号自我孤立的防线。所以 5 号跟 6 号之间常会有一种理性的共栖关系，从怀疑到决定，从问题到答案，从事件的处理到事件的发现，往往有不断的刺激

续 表

交会型号	个性交会点	交会点个性相似之处
5号与9号	8号	1. 这两个型号是相辅相成的。他们各自带来对方所缺乏但未必察觉的特质。5号需要与自己的身体和直觉有更好的联系，更多参与在现实世界里从而感受到自己的能力和力量。他们可以在8号的身上学到这些。另外，8号需要多考虑自己行为的后果，多方面去考量事情，三思而后行。这些是从5号身上可以学到的 2. 从另一角度来看，5号跟8号都坚持自己的独立自主，不会接受旁人的干扰。他们也都对界限有一种敏感度和尊重，不喜欢被侵犯。这两型也都同时会感到与周遭环境格格不入，所以往往会明白对方的基本心态而不需只言片语。他们都需要自己的空间，但是他们可以看到互相防线背后的那份对尊严的执著和藏匿起来的脆弱而产生的联系和一种共鸣。这是可以达到既有力量又有深度，既有行动又有深思，既有卓越才华更有鲁莽脾气的不可小看的一对

6号：质疑、忠诚型与其他类型的人如何沟通

1. 案例

刘秉中是某局老干部处的领导，重阳节前三天的下午两点，在外边开会的他电话告知下属林坤松说：“今天下午准备8份慰问品，按名单分别送到八位老同志家中。”

临近五点半下班的时候，刘秉中电话询问慰问品的发送情况，结果发现还有4份没有送出。他非常生气地说：“我不是说要尽快送出去吗？明天上午市领导就要开始登门走访看望这些老同志了！”

林坤松说：“今天局领导安排咱们处理几项临时事情，大家都忙得不可开交，我自己也分不开身。真对不起！我并不知道这件事情这么急。”

（1）结合个性特点分析，假如林坤松是 6 号，你怎么办？

（2）找到自己型号与 6 号交会的型号，并讨论如何站在交会型号的角度与林坤松沟通？

2. 点拨

6 号谨慎、实际，忠实而负责任，恪守本分，立场坚定。他们善于建立联盟，重视忠诚和团队合作，擅长负面思考，时时保持着警惕，用怀疑的目光看待一切，厌恶冒险。然而，在采取行动时犹豫不决，优柔寡断。

与 6 号沟通，领导者需要耐心倾听，不夸大，不带主观情绪，更别试图以权威强迫他们。要清楚、完整地陈述事实，从正反两方面去思索和评价，保持言行一致，说话算话，坦诚相待。在讨论时，领导者可以将自己的想法和工作中现有或潜在的问题及危险摊开来讲，消除他们的疑虑和担心，给他们尽可能多的辅助资料和详细的清单，再留些空间和时间让他们独自思考。需要 6 号作决定时，也是这样。当 6 号作出决定后，别与他们再讨论未来不确定的因素。领导者要好好利用 6 号的负面思考能力，当自己的想法被他们质疑时，要询问他们的想法，并想办法引导其审查现实。在布置任务时，应提醒他们可能出现的情况，在细节上给予他们更多的指引和帮助。

（1）6 号在工作中的表现特性

➢ 对公司忠心耿耿，希望从事高素质的工作。

➢ 采取行动前，必须对事情有透彻的了解及预先设计了策略。

➢ 精于预测问题和提供解决方案。

➢ 与不喜欢策划的人共事会有烦躁不安的感觉。

➢ 喜欢事事都有大前提作为指引。

➢ 过度的策划及了解有时会导致拖延。

➢ 必须知道老板怎样评估自己。

➢ 不喜欢工作环境中有含糊或未知的因素，事事要求清晰。

➢ 人事及权力构架必须清晰，规则更加要清楚。

➢ 遇到人际冲突，最好公开解决，猜度会产生焦虑。

➢ 善于洞悉别人的动机。

➢ 赞誉的话最好有根有据。

(2）沟通策略一：站在6号角度与之沟通

➢ 如果你是6号：

√ 当你正在怀疑时，先请教朋友的想法，再探究事情的真相。

√ 切记，你有投射的倾向——当你确定有什么不好的事情发生了，问你自己你正在回应的线索是什么（它是我自己的某个部分吗)，并问问别人的想法和感觉。

√ 别人可能没有领会出你行为背后的信息——记得告诉他们你的感觉，并以行动支持他们。

√ 切记，有的人确实需要经常性的接触，来证明你的友谊及可信赖的程度。

√ 你的怀疑在别人眼里可能是不可信赖的，因为那表示你想到一件事以后又有所改变——告诉人们纵使你做过承诺，看起来可能还是一副犹豫不决的样子，但是只要你承诺了某件事，你一定会办到。

√ 如果你逮到自己正在支配一个对话过程，问问自己当下的感觉，并考虑说出这种感觉。

➢ 如果你要和6号的人交谈：

√ 切记，他们难以信任别人——他们有一颗多疑的心，如果他们不相信你的赞美或恭维，别放在心上。

√ 倾听并承认你已经了解，否则你无法取得他们的信任。

√ 说话的内容要精确而实际。切记他们很容易从中映射出隐藏的动机和意义。

√ 以一种不动感情的方式，再度明确地确认你对他们的喜欢和爱——行动胜过语言。

√ 持续保持一致，而且言行合一，信任便从中产生了。

√ 邀请他们检查自己的真实性，帮助他们处在他们的想象力（投射）之外，并透过发问帮助他们沉稳下来，像是：有什么事情困扰你吗？你对这样的情况有什么想法？

√ 不要批评或论断他们的恐惧。

√ 要幽默——鼓励他们开怀大笑，并看事情好的一面。

（3）沟通策略二：站在交会型号的角度与之沟通

表 8－31　　6 号与 7 号的交会点

交会型号	个性交会点	交会点个性相似之处
6 号与 7 号	5 号	1. 双方都十分尊重对方的智力，全面的思考能力以及专业上的知识。两种型号的人都拥有尊重细节，客观性的事实，准确性和能够非常客观地分析事情而不融入主观意见或偏见的能力。5 号也会提供他的冷静，独立的客观性，不平常和尖锐的好奇心和一种不愿妥协、接受肤浅的，太简单或片面答案的心态。相对地，6 号带来稳定的价值观和信念。当然这会令 6 号失去客观性，但他们感性上的反应包括他们的焦虑和恐惧，令 6 号更人性化，更有同理心 2. 6 号比较会显露他们内心的疑问，也经常会依赖自己信赖的权威来给自己意见和指引。相对来说，5 号对自己独立思考和处理新事物的能力更有自信，也不容易信赖权威，更会怀疑或否定一般的权威。6 号的关心往往能突破 5 号自我孤立的防线。所以 5 号跟 6 号之间常会有一种理性的共栖关系，从怀疑到决定，从问题到答案，从事件的处理到事件的发现，往往有不断的刺激
	6 号	1. 健康的 6 号配对往往很快就有深入的了解，感觉到一种志趣相投，甚至有亲人的感觉，可以很快的发展到一种死党开心的嬉戏，开玩笑，又可互相依靠的关系。两位 6 号之间会有共同秘密，共享的价值观，疑问和理性上的启发。这都是他们所重视的。对两个 6 号来说，互相的信任是非常重要的。当信任确立了，他们才可以放下戒心，轻松地享受生活。他们只有对着少数信任的人才可做到这点。强烈的忠诚度和相互承担的态度让他们建立起重要的安全感 2. 6 号通常不大能够把自己的感受直接讲出来，往往从他们的行动中才能够看到他们的坚定不移，承担和奉献的心。当他们为对方着想而努力的时候往往比为自己而行动更有干劲。这是相当有激励性和令对方鼓舞的

续 表

交会型号	个性交会点	交会点个性相似之处
6号与7号	7号	1. 7号往往较富娱乐性，会带给6号更欢乐和开朗的心情。双方都思维敏捷，往往会在斗嘴中擦出火花，更可以互相激励启发，带来欢笑快乐。7号有很多创新主意，而6号会掌握实际行动把事情做好。7号会帮6号把自己的局限和恐惧放到适当的位置上，减少这些情绪对6号的限制，甚至突破它们。所以他们可以成为很有效率的搭档。7号负责目标愿景的描述解说，更能带动团队的士气，使其兴奋地去迎接创新，而6号则负责实际的执行行动，把细节处理好 2. 7号是很好的启动者，而6号则负责调节。7号可以教会6号不用害怕未来，而6号可以教会7号乐观与妄想的分别

表8-32　　6号与8号的交会点

交会型号	个性交会点	交会点个性相似之处
6号与8号	5号	1. 双方都十分尊重对方的智力，全面的思考能力以及专业上的知识。两种型号的人都拥有尊重细节，客观性的事实，准确性和能够非常客观地分析事情而不融入主观意见或偏见的能力。5号也会提供他的冷静，独立的客观性，不平常和尖锐的好奇心和一种不愿妥协、接受肤浅的，太简单或片面答案的心态。相对地，6号带来稳定的价值观和信念。当然这会令6号失去客观性，但他们感性上的反应包括他们的焦虑和恐惧，令6号更人性化，更有同理心 2. 6号比较会显露他们内心的疑问，也经常会依赖自己信赖的权威来给自己意见和指引。相对来说，5号对自己独立思考和处理新事物的能力更有自信，也不容易信赖权威，更会怀疑或否定一般的权威。6号的关心往往能突破5号自我孤立的防线。所以5号跟6号之间常会有一种理性的共栖关系，从怀疑到决定，从问题到答案，从事件的处理到事件的发现，往往有不断的刺激

续　表

交会型号	个性交会点	交会点个性相似之处
6号与8号	7号	1. 7 号往往较富娱乐性，会带给 6 号更欢乐的心情。双方都思维敏捷，往往会在斗嘴中擦出火花，更可以互相激励启发，带来欢笑快乐。7 号有很多创新主意，而 6 号会掌握实际行动把事情做好。7 号会帮 6 号把自己的局限和恐惧放到适当的位置上，减少这些情绪对 6 号的限制，甚至突破它们。所以他们可以成为很有效率的搭档。7 号负责目标愿景的描述解说，更能带动团队的士气，使其兴奋地去迎接创新，而 6 号则负责实际的执行行动，把细节处理好 2. 7 号是很好的启动者，而 6 号则负责调节。7 号可以教会 6 号不用害怕未来，而 6 号可以教会 7 号乐观与妄想的分别
	9号	1. 这对型号配对是最稳定和常见的配对之一。虽然这两型有很大的不同，但他们追求的东西很相近。6 号要的是安全感和可预测性，而 9 号要的是安全感和自主权。双方都倾向寻找主流意见，负责任，尊重权威和安分守己。当然，他们的价值观会受其成长经验所影响，而他们希望自己的伙伴共享自己的价值观。这对也有相配的差别 2. 6 号头脑比较敏锐和多疑，注意细节而往往会看到可能发生的，尤其是威胁安全的问题。他们很难信任别人，需要别人先证明自己可靠。相反地，9 号很容易相信别人，充满阳光，容易相处，乐观而无疑问地接受他人。6 号会注意例外而把焦点放在复杂细节上，9 号会注意整体而把焦点放在容易行得通的方法上。这对会相处得很好，对对方慷慨而无所求，因相互的团结而更有信心。通常当他们找到这段关系，会觉得是自己梦寐以求一直在寻找的关系

表 8 – 33　　6 号与 9 号的交会点

交会型号	个性交会点	交会点个性相似之处
6 号与 9 号	3 号	1. 一对 3 号都重视成就，追求卓越，互相支持去把握机会尽量发挥。他们注重自己对关系和团体的贡献，受对方和他人的尊敬。他们会努力工作，也喜欢结交朋友，把自己的成就与身边人分享，更让对方为自己觉得骄傲 2. 一对 3 号往往非常有吸引力，成功，上进又有活力。他们互相鼓励，互相合作，往往能令双方都更上一层楼
	6 号	1. 3 号和 6 号都是勤劳实干的人，知道要成功需要下工夫。他们都想在现实世界里留下一点自己的成就 2. 6 号带给 3 号多一点诚恳，忠心，一种默默耕耘的心态，可以帮 3 号打开自己的心。3 号带给 6 号乐观自信，对成功充满信心和动力。这对组合往往可以成就持久的关系
	9 号	1. 3 号和 9 号都不喜欢冲突斗争，情愿正面地看事物。9 号是一种真正的豁达乐观，而 3 号则是想保持正面也不想让别人看到自己悲伤消极 2. 9 号带给 3 号很大的宽容和支持鼓励，更对 3 号的成就感到骄傲。这让 3 号感觉有很大空间可以活出自己，成就自己最宏大的理想。3 号带给 9 号更强的自我价值，自尊心和自我增值的动力。9 号带给 3 号更大的动力，让双方的关系更加丰富多元化

7 号：活跃、善变型与其他类型的人如何沟通

1. 案例

基层主管林良信最近发觉，部下王易民似乎对工作全然丧失兴趣，因此他约谈王易民以查明原委。王易民的答复是这样的：“老实说，对于履行我分内的工作我完全提不起劲。既然你问起，我不妨将我近来的感受告诉你。我老觉得其他同事的工作都含有不同程度的趣味性，而偏偏

我的工作则完全属于例行性的那一类。当然我并不认为例行工作有什么不好，只是日复一日的做例行工作，迟早会被闷死。你不觉得是这样吗?”

(1) 假如王易民是 7 号，你将怎么办?

(2) 找到自己型号与 7 号交会的型号，并讨论如何站在交会型号的角度与王易民沟通。

2. 点拨

7 号天真、乐观，机智迷人，爱好冒险，喜欢变化、新体验和创新，善于提出新见解。他们重视人际网络，擅长带动团队的整体情绪。但是容易冲动，不愿作出承诺，总是希望拥有多种选择，并且专注力无法持久，不善于贯彻始终。

与 7 号沟通，可以以一种轻松愉快的方式和他们交谈，不要摆出一副严苛的领导者的姿态。学会用共同商议的方式，把问题摊开，给 7 号参与的机会。用建议的口吻提出意见，挑起他们的兴趣和冒险欲望，并提议如何付诸行动，更容易被 7 号接受。7 号专注力不持久，难以贯彻始终，因此，在工作上要帮助他们扬长避短，最有效地利用 7 号的个性闪光点，争取双赢。7 号普遍比较冲动，虽然思维敏捷，但未必考虑周详，而且对完成长期计划缺乏持久的关注力，因此，在布置任务而进行必要沟通时，一定要对 7 号说清楚任务、责任及后果。在任务下达后，确定截止期限，并且在最后期限及限制的设立上坚决不能让步；及时跟进 7 号的工作，促使他们评估工作的进展；对特别的决策或任务，明确告知他们失败的后果。

(1) 7 号在工作中的表现特征

➢ 是策划高手，也懂得将来自各方的意见及资料汇集。

➢ 对很多事情都感兴趣，享受崭新的经验。

➢ 生命是一场极有趣的经历。

➢ 可以找到方法享受工作及享受同事之间的相处，讨厌刻板的工作。

➢ 倾向乐观，经常看到许多可能性。

➢ 懂得辅导、推动别人，但讨厌悲观及不分享自己热诚的人。

➢ 精于创造远见及开始新的工作项目，而没有兴趣参与真正工作。

➢ 工作方式并不传统。

➢ 工作必须有创意，才能有出色的表现。

➢ 不喜欢有太多的督促及直接的指示。

(2) 沟通策略一：站在 7 号角度与之沟通

➢ 如果你是 7 号：

√ 倾听别人——他们的意见和感觉可能和你的一样真实。

√ 如果某人告诉你他们的问题，要问他们是否喜欢听听你的劝告或帮助，不要只是告诉对方该怎么办。

√ 让人知道即使是影射性的批评也会惹怒你，而提醒他们不要放在心上。

√ 告诉朋友你很难说出你的感觉，以及和情绪有关的事。

√ 切记，由于你想象事情相当完整，你在还没有告诉别人之前，很容易相信自己已经说过了——先检查一遍吧。

√ 当你对改善某事件有个很棒的想法，或是你想延后原先的目标，在你行动之前先告诉别人，这样他们才有机会配合你，也不会觉得被你冷落。

√ 如果你已经委任某个人做事，而你有更好的办法，不论公事或私事，建议他们不要贸然行动且独自行动。

➢ 如果你要和 7 号的人交谈：

√ 切记，他们有在思绪中徘徊的倾向——通过发问让他们处在当下，包括他们的感觉。

√ 加入到轻松愉快的对谈中——去参与他们的喜悦。

√ 倾听并欣赏他们远大的远见，不要试图去证明他们的想法不可行——切记，他们正在分享他们存在的一部分。

√ 如果你提出可能会影响到他们计划的构想，刚开始他们可能会有些反弹，所以给他们时间来采纳它。

√ 不要批评或给出指示，使用中性字词来建议做事的方法。

√ 如果你觉得有必要帮助他们面对搪塞推诿或痛苦的经验，绝对要坚定并活力充沛，如果他们试图怪罪于你，不要放在心上，只要再把他们带回讨论的问题就可以了。

（3）沟通策略二：站在交会型号的角度与之沟通

表 8－34　　7 号与 8 号的交会点

交会型号	个性交会点	交会点个性相似之处
7 号与 8 号	5 号	1. 5 号与 7 号都是头脑型，所以都会带有很强的脑能量到他们的关系里，能够注重和珍惜很多不同的想法。他们是互补不足，相辅相成的。从正面来看，5 号带来深度，清晰度和一种对客观事实的洞察力。当然 5 号是思维敏捷，热爱知识，更有一种独树一帜的风趣幽默感。7 号也带来他的敏捷，不过不只是思考上的敏捷，更是精神上的敏捷——随时准备好坐言起行，不论是上街看电影或环游世界，是搬动客厅的家私或是举家移民，都可说做就做。7 号也是独立的，不过他们喜欢旁边有人能够参与和提高他们生命里的欢乐气氛 2. 5 号比较倾向俭朴，对金钱和资源都会比较节俭。5 号也比较喜欢独处，不容易和陌生人打成一片，当然混熟了另当别论。5 号会令 7 号更踏实，更有深度，更能够认真地对待自己和自己的兴趣，把精力集中于坚持一件事直到有成果为止。7 号会令 5 号有更多新的尝试新的体验，包括新的社交圈子、新的朋友。这一对从不同的人生观带出来相反的特性，如 5 号说“人生苦短，不可期望过高”，7 号说“人生苦短，样样都要一试”正是他们相辅相成的基础
	7 号	两位 7 号的特征是很明显的，他们精力充沛，无拘无束，高朋满座，乐于追求新事物和新体验。尤其是当双方都非常健康平稳时，他们不只自己快乐，更会把这快乐与身边人分享，往往有一种容光焕发，丰盛的美。他们崇尚自由，不愿受到束缚，追求一种双方真心在一起，而不是受世俗理规约束的关系
	8 号	1. 7 号和 8 号都是充满活力，独立自主，自我肯定，有坚强意志去达成意愿的人。他们注重实质事务，不尚虚无缥缈，重视现下的成就和满足 2. 在他们的积极行动中，7 号会比较轻松愉快，与人亲近，而 8 号则较深沉决断。这一对往往有成就，也喜欢款待亲朋，一方面喜欢热闹高兴，另一方面显示自己慷慨大方，有成就

表 8 – 35　　7 号与 9 号的交会点

交会型号	个性交会点	交会点个性相似之处
7 号与 9 号	1 号	1. 1 号与 7 号完全相反的特质一方面可能令大家互相吸引及补足，但他们各自的缺点同时亦可能使大家互相排斥 2. 1 号为关系带来秩序、良好的工作态度、极高的标准，并帮助 7 号有系统地达到目标。7 号为关系带来即兴、好奇、冒险精神及轻松愉快的生活态度。他们可以互补大家的不足
	6 号	1. 7 号往往较富娱乐性，会带给 6 号更欢乐和开朗的心情。双方思维敏捷，往往会在斗嘴中擦出火花，更可以互相激励启发，带来欢笑快乐 2. 7 号有很多创新主意，而 6 号会掌握实际行动把事情做好。7 号会帮 6 号把自己的局限和恐惧放到适当的位置上，减少这些情绪对 6 号的限制，甚至突破它们。所以他们可以成为很有效率的搭档。7 号负责目标愿景的描述解说，更能带动团队的士气，使其兴奋地去迎接创新，而 6 号则负责实际的执行行动，把细节处理好。7 号是很好的启动者，而 6 号则负责调节。7 号可以教会 6 号不用害怕未来，而 6 号可以教会 7 号乐观与妄想的分别
	8 号	1. 7 号和 8 号都是充满活力，独立自主，自我肯定，有坚强意志达成意愿的人。他们注重实质事务，不尚虚无缥缈，重视现下的成就和满足 2. 在他们的积极行动中，7 号会比较轻松愉快，与人亲近，而 8 号则较深沉决断。这一对往往有成就，也喜欢款待亲朋，一方面喜欢热闹高兴，另一方面显示自己慷慨大方，有成就

8 号：控制、强权型与其他类型的人如何沟通

1. 案例

某日下午三点半左右，某银行出纳员李文哲正在清点现金存量。一个身材魁梧的匪徒突然持枪指令他交出全部的大钞。李文哲照办。匪徒在无任何阻挡之下冲出银行大门，并跳进一部在外接应的车子。匪徒刚冲出大门，李文哲立刻按警铃，并且在几十秒之内跳上停放在银行门口那辆属于自己的汽车，死命地追逐匪车。在某一十字路口，适逢火车经过，匪车不得不停下来，李文哲就在这个时候赶到。说时迟，那时快，李文哲逮住其中的一个匪徒。纠缠中，李文哲的左腿挨了一枪，但他仍不罢休。就在千钧一发的时候，警车开到，不但替李文哲解了围，而且也逮捕了两个匪徒。

这个事件发生之后，报纸与电视对李文哲的勇敢表现大肆宣扬，将他捧为英雄。但是，银行的高阶主管却为这事件伤透脑筋。该行对付抢劫的一贯政策是：

①完全依照匪徒的要求行事，避免行员或在场的顾客受到伤害；

②在无安全顾虑时立即按警铃；

③等待警方、保全公司及保险公司前来处理善后。

违反这个既定政策者，一律开除。

该行总经理认为，李文哲既然违反了政策上的要求，按照规定应予解除聘用合同。人事处处长认为，李文哲忠于职守的英勇表现应该可以抵消他违反政策之过失。公共关系处处长认为，一旦李文哲被解除，社会大众对银行之作为将难以谅解。训练处处长认为，假如银行的既定政策不能贯彻，势必将导致纪律废弛之后果。

（1）假如你是该行之总经理，面对李文哲（8 号），你将怎么办？

（2）找到自己型号与 8 号交会的型号，并讨论如何站在交会型号的角度与李文哲沟通？

2. **点拨**

8号自信、强势、负责，意志坚强而且豁达，冲动、率直，没有圆滑的处事手段，习惯于先行动后思考。他们是“困难领导者”，越是面对困难，越能脱颖而出。8号喜欢权力和控制，愿意保护和帮助弱小者，然而也因此易受责难，多处树敌。

与8号沟通，领导者要尽量说重点，别闲扯，别润色，用清楚的措辞解释你的问题。领导者不要惧怕与8号发生冲突，面对他们的愤怒，要直接、坚定地回应，坚持你的立场，不能忍气吞声，更不能冷战，最好把一切说明。出现问题，可以直截了当地批评、处罚8号，但不要取笑或讥讽他们。要想激发8号的斗志，就直接告诉他们，他们做不到，或者前方困难重重，这种激将方式反而会收到较好的效果。在沟通时还要有所侧重，因为8号较冲动，往往率性而为，缺乏全面思考的耐心，不太具备侧面思考或以策略处理问题的才能。所以，在一些重要的细节或事务上，领导者与他们进行定期沟通、给予适当的帮助是非常必要的。

(1) 8号在工作中的表现特征

➢ 坚强及能干。

➢ 立场坚定，即使可能引起人际冲突，也不怕让人知道自己真正的感受。

➢ 喜欢直截了当的沟通，讨厌拐弯抹角说话兜转的人。

➢ 就算不是刻意表现，也经常会做领袖的角色。

➢ 每个环境都需要有主持人，有必要时，会自动请缨扮演此角色。

➢ 欣赏有真正领导能力的人，愿意追随。

➢ 相信直觉，也会凭直觉作出决定。

➢ 喜欢坐言起行，讨厌只讲不做或满腹理论没有实际行动的人。

➢ 对同事相当慷慨及保护性强。

➢ 当同事遭受不公平的待遇时，会仗义执言。

➢ 有时对同事要求高。

➢ 自我肯定的态度令有些人觉得霸气或有威吓性。

➢ 不介意别人是否喜欢自己，然而必须受到尊重。

（2）沟通策略一：站在8号角度与之沟通

➢ 如果你是8号：

√　切记，提高嗓门的声音通常会让别人停止倾听，而且你可能比你所认为的还要大声。

√　如果你觉得不被倾听，与其更大声地重复你所说的话，倒不如要求别人帮助你澄清讨论的内容，请他们告诉你他们对你所说的话有什么想法。

√　告诉人们，如果你会提出很多问题，是为了求得了解，而不是为难他们。

√　仔细倾听他人，在回答之前先想清楚他们的观点。

√　切记，别人不像你那样能立即有所反应——给某些人时间考虑，可能比坚持他们现在就理出头绪要有用得多。

√　如果人们伤害你的感觉，要立刻告诉他们——他们可能不知道你会受伤。

√　小心你有心无心说出具有伤害性话语的倾向，假如你已经做了，当你发现时立刻向对方道歉。

➢ 如果你要和8号的人交谈：

√　说出你的用意，直接要求你要的事务，不要有所保留或避开问题——他们对任何可能的操纵都会做出负面的回应。

√　在讨论时，用精确的词语让他们知道你了解他们的观点——他们接下来就会去听你所要说的事情。

√　切记，对你而言像是争论或攻击的感觉，可能只是他们尽兴又安全的投入方式，如果那种感觉太过强烈，或你觉得受到威胁，就告诉他们。

√　如果你对于关系要如何经营有任何没有说出来的规则，务必告诉他们，而且保持讨论的意愿。

√　如果他们伤害到你的感觉，要告诉他们——他们可能不是故意的。

√　不要取笑他们——他们会快速反击，而且不易宽恕这种被羞辱的感觉。

√　不要说谎，除非你不在乎被攻击或是被他们记上一笔。

(3) 沟通策略二：站在交会型号的角度与之沟通

表8－36　8号与9号的交会点

交会型号	个性交会点	交会点个性相似之处
8号与9号	8号	1. 两个8号都会为关系带来激情和活力，热烈地投入到一段关系中。双方都独立自主，意志坚定而实际，他们不会空谈将来，而是会令梦想成真 2. 当两个8号旗鼓相当时，因为能够信任对方而能平静下来，不用再把能量往外放送。这时他们会互相尊重，可以非常直接地沟通，成为一对有效的伙伴
	9号	1. 8号与9号往往是一种领导者和欣赏者的关系。8号会带来领导力，而9号往往钦佩这种成事在人的大无畏精神而自然地接近8号 2. 9号对8号往往有安抚的作用，带来他们所需要的平静安详感觉。其实他们相反的特质是相辅相成的，8号在奋斗累了，可以回到9号的包容安稳里休息。9号可以学会8号的自信和自我肯定，8号可以学会9号的平稳安详

9号：和谐、迟缓型与其他类型的人如何沟通

1. 案例

王明心是你手下的一名基层主管，负责处理公司一切有关房屋抵押及投保事务。数星期前，她从国外度假回来，发现亟待处理的工作堆积如山。包括若干重要的报告未按时编妥、文件归档错误以及工作记录填写不全等。

王明心在清理堆积如山的工作过程中，忽视了一份价值三百万元的火灾保险续约通知，因此保险公司就在宽限期过后一星期取消了这份合约。谁知直到其后两星期一场大火烧毁了原先投保的房屋时，王明心才在档案中发现保险公司的续约通知。但此时该保险已经丧失时效。一场诉讼将随之展开。由于你方败诉可能性很大，因此即将蒙受一笔

巨额损失。

这件事不但令你气恼，而且也让你的上司难堪。你明知整个事件都是因为王明心没有及时处理保险公司续约通知书而起，但你却要承受上司的指责。

如今，上司已通知你明天早上去向他说明原委。你将怎么办？

（1）假如王明心是个 9 号你将怎么办？

（2）找到自己型号与 9 号交会的型号，并讨论如何站在交会型号的角度与王明心沟通？

2. 点拨

9 号随和、亲切、包容，擅长回避冲突、维护和谐。他们心思缜密，喜欢顺其自然，重复熟悉的解决方法。他们很难分清事情的主次，常被不重要的事项分散注意力。他们逃避自己的需求，不维护自己的立场，害怕风险和改变，不愿作出决定和承诺。

9 号厌恶傲慢自大，炫耀夸张。在工作领域中能扛起责任，不专横、不好管闲事、不固执的领导，最能获得 9 号的尊重。与“9”号沟通，领导者要向他们强调合作将使大家共同进步。要随时征询 9 号的意见，并鼓励他们说出自己的想法，提出建议，并且适时地赞美、鼓励及认可 9 号的工作表现。对“9”号的下属，领导者在布置任务时，要注意明确工作内容和权责范围，在工作的优先次序方面给予他们一定的指导。对某些重要的工作计划，领导者可以要求“9”号扼要重述项目重点并强调彼此协定的截止期限，以此来督促其完成任务。

（1）9 号在工作中的表现特征

➢ 在工作上寻求平衡及和谐，避免冲突。

➢ 清楚程序，不能容忍环境中有太多的未知数。

➢ 适应能力强，但会抗拒突如其来的转变。

➢ 对人对事的接受度颇高，在一般人心目中是个好的聆听者。

➢ 遇到人际冲突的时候，会做“和事老”。

➢ 立场清晰，害怕被别人的意见所操控。

➢ 有时太过投入在细节中，不能集中精神去处理重要的事项。

➢ 需要同事给予较多的响应和支持。

➢ 如果工作性质及环境适合，可以有高效的表现。

(2) 沟通策略一：站在9号角度与之沟通

➢ 如果你是9号：

√ 切记，当你不知道你的感觉或想要什么时，别人可能会把你的沉默当做拒绝，所以告诉他们你的内在状况。

√ 试图去提防你以沉默作为被动抗拒的方式，如果真是如此，让别人知道你的真实立场。

√ 如果你感到生气，把它说出来——你通常不会表现出不悦，而让人以为你好好的。

√ 如果别人问你是否生气，好好想一想，先不要否认。

√ 如果你觉得不被倾听，告诉别人这个情况，不要越说越多。

√ 尽可能切中要点。

√ 如果有人问你问题，先弄清楚对方确实想知道什么，这样你才能针对重点给出答案。

➢ 如果你要和9号的人交谈：

√ 倾听他们，并让他们知道你已经听到他们的着重点。

√ 承认他们——他们通常会感到被排除在外或不被倾听。

√ 切记，当他们“迎合”时可能会显得很突出，但事实上可能只是在做应声虫——用发问找出他们真正在想的事情。

√ 切记，他们可能非常分散，用发问帮助他们集中焦点。

√ 当你想知道他们的想法和感觉时，不要急着得到答案，而是创造一个有趣的空间，让他们考虑并决定：“我怀疑这样是否适合你？这可能是你现在的感觉吗？我不知道，我只是这样想而已。”

√ 在商业聚会中，切记他们可能和每一位发言者的意见一致，所以事先要求他们让你知道，会议结束后他们所考虑的观点。

(3) 沟通策略二：站在交会型号的角度与之沟通

两个9号往往是一对安静，温和，平易近人，宽大包容，互相支持的伴侣。他们不会轻易让生命和关系里的波折影响自己，乐观豁达，容易原谅自己，更容易原谅对方。他们不记仇，更不想见到斗争，喜欢安逸地过日子。

第 9 章

情投意合——如何与不同类型的人和谐相处

如何与 1 号——完美、苛刻型和谐相处

1 号的人追求不断进步直至完美，在企业中适合从事品质管理、财务或者审计工作。

1 号注重原则性和道德规范，他们的口头禅是“应该”及“不应该”，既严于律己，也不宽以待人。你可以说他们是一群追求完美的家伙。他们的优点很多：坚韧不拔、毅力非凡、信守承诺、始终如一、光明磊落、正人君子。当然他们的缺点也不少：心胸狭窄，吹毛求疵，处事呆板，缺乏情趣。

不知你是否留意企业中有这样的人：他们认真负责，希望做的每件事都是绝对正确，具备一定的组织才能，能觉察出计划及工作进展的漏洞；他们自己做事比较有系统，按部就班，集中注意力于成果和素质上；努力勤奋地工作，埋头苦干，不讲究享受，不需要上司的糖衣炮弹；对同事缺乏耐心，动辄容易批评别人，脸上的笑容难得一见。

如果你企业中有这样的人，请配置到质检、财务和审计部门，保证可以令产品品质水平大幅度提高，财务漏洞也可迅速堵住。

有这样的朋友或领导，要求我们守时、注重细节，做事严谨很重要。

首先我们和 1 号的提醒就是关于弹性的，1 号有时候很缺少弹性，他们认为的东西都是按道理，道理是因人而异的，大家都知道对人要有礼貌，但是这个礼貌用什么方式表现？1 号经常将自己的道理强加于别人，比较强制性。1 号愿意不愿意完成一个作业？体验一下，今天回到家给你的太太一个嘉许或赞美，回到家里和她坐下来好好聊 10 分钟。对于 1 号来讲，赞美是很吝啬的

部分，其实你赞美并不代表别人拥有什么，欣赏和别人无关。1 号可以去欣赏周围所有的人和事。当你真的用心去欣赏一个城市，一个家人的时候，这是很有价值的。还有就是激情和活力，过去有人和我想挽救一个人就是给他一些激情和活力，我们年轻人应有的激情和活力。还有就是清理情绪及时沟通。1 号经常是有情绪就压抑，所以其内耗比较大，有情绪就清理一点，沟通一点，所以无论夫妻之间还是朋友之间沟通的质量是最重要的。做得好的是什么？可以做得更好的是什么？永远从正面去推动。指责永远是最低层面的一个沟通。除了在法律和道德的领域有没有对错？有的只是喜欢和不喜欢，如果有一天你连喜欢和不喜欢都放下了，那就没有九种个性了。

1. 案例

案例 1：

我大学是学理工科的，毕业了就去搞技术。我对工作的要求非常严格，做得不好就会强烈自责。我对下属的要求也非常高，他们认为我是一个完美主义者。有一次，我的上司让我定一下明年的业绩指标，我很客观地分析了一下，定了 3000 万元，可是上司一定要定 5000 万元，因为这事我们还僵持了一段时间，我据理力争、针锋相对、绝不妥协。说句实在话，我对他平时的工作作风很不满意。他很善于走捷径、做事不公正，我认为他是个伪君子！

案例 2：

我从小就是一个做事认真、听话的好孩子。我上学从不迟到，我认为一旦违反了纪律我的心里就会蒙上巨大的阴影，好长时间都会自责。我放学回家首先要写作业，检查完没有问题了，我才会轻松地出去玩。我刷牙时挤牙膏从下端开始挤，我妹妹总是胡乱地挤，因为这个我还找爸爸评过好多次理。我记得小学 5 年级有一次期中考试，我最好的朋友小勇就坐在我后面，他让我给他看看我的答卷，我坚决没有同意，我认为做人诚实是最重要的，为此他好长时间没理我！

2. 1 号的工作态度

在工作中对任何事情的处理都是从工作出发，不考虑人情面子，坚持原则，从理性出发，不辞劳苦。

3. 1 号常出现的情绪感受：愤怒

规则型的人知道愤怒是不好的，也是不完美的，所以常压抑自己的愤怒。但有时看到别人做事不认真、不规范、不敬业时，还是忍不住要感到愤怒。

4. 1 号常掉入的陷阱：完美

规则型的人的目标就是完美，因此他们为自己订下了规律和秩序，希望自己做事条理分明、井然有序。事实上，世界上没有十全十美的事，也没有十全十美的人。规则型的人事事追求十全十美，所以对自己要求非常严格，对别人要求也很严格，使生活在他周围的人也筋疲力尽、压力十足。执著于完美就变成非常不完美了。

5. 1 号心灵按钮

想说服 1 号很容易，只要用理性与逻辑谈问题就可以了。想要 1 号更好地工作，只要说现在这个事情还不完美就够了！

6. 激励 1 号的要点

- 赞誉 1 号的卓越水准、诚恳、公正。
- 确保一切程序及架构清晰。

7. 如何与 1 号达成共识

1 号容易将共识误认为妥协；1 号的字典中没有妥协，只有对与错。

8. 1 号常见问题

鼓气袋，无病呻吟，偏见。

解救办法：鼓励 1 号说出心中的不满；欣赏 1 号的责任感及承诺感；帮助 1 号客观地看待事物。

9. 与 1 号的相处之道

- 沟通的内容需准确及详细，约会他们要守时。
- 直截了当，用逻辑的方法而非凭感觉来表达你的观点。
- 用最好的态度及以礼相待，避免批评或斥责。
- 多点诚恳称赞他们，欣赏他们的“高标准”。
- 如果他们不愿听，邀请他们告诉你他们的想法。
- 不要尝试耍手段操纵他们，让他们知道你是可以信赖的。
- 有问题就承认错误，坦白从宽，抗拒从严。

➢ 理解他们的挑剔，他们是想帮忙而已。

10. **支持1号的方法**

➢ 提醒他们不用证明自己是完美的。

➢ 提醒他们就算内心有恼怒也不妨表达出来，别人不会因此而不喜欢他们的。

➢ 鼓励他们相信有一段“健康”的争执是可以释放内心的压力的。

➢ 他们犯了过错时，要表现“体谅”及“明白”。

➢ 带他们去旅行，当离开家庭及既有责任时，他们如释重负，轻松过来。

➢ 鼓励他们抽出时间去放松及享受一下。

如何与2号——热忱、易怒型和谐相处

2号的人追求不断帮助人，在企业中适合从事客户服务、行政秘书或者后勤服务工作。

2号渴望通过不断帮助他人而营造出良好的关系。他们很在意别人的需要，十分热心，随时愿意付出爱心给别人，看到别人满足地接受他们的爱心和帮助，才会觉得自己活的有价值。

2号是乌托邦世界的建设者，他们温和友善，慷慨大方，乐善好施，无私奉献。当然世间事物皆有两面，助人太甚的同时就附带出缺点：容易迷失自己，没有坚定的人生目标，太容易受别人影响，自信心不足，严重者给他人的印象是自作多情，爱慕虚荣，一意孤行，强加于人。

在企业中，2号对待同事处处表现出关怀与支持，几乎与所有人都相处得很好，总给人正面积极和友善的形象，善于洞悉别人的才能和潜能；倾向于对人付出太多，过度精力放在他人身上而忽视了自己的工作职责，不善于自己做决策，缺乏主心骨，做事显得拖泥带水，原则性不够，容易被人左右。

如果你开的是一个社工组织或者慈善机构，那么大量吸收2号是最佳的决策。他们总是毫不利己，专门利人，像太阳一样无私奉献自己的热量，尽管炎炎夏日有时也会讨人嫌。

如今企业的竞争不仅仅体现在产品上，更重要的是必须持续提升服务水准。因此，企业需要许多 2 号的人做好公司的客户服务工作，后勤部门也需要工作上任劳任怨的老黄牛，这样的企业往往可以得到企业内部和外部客户的好评，从而帮助企业不断发展。

作为这种人的领导应该经常握握他的手，拍拍他的肩膀，拥抱他一下（如果是同性），表示对他付出的肯定，用他喜欢的方式去对他，他会士为知己者死，无怨无悔。

对于 2 号觉察一下你自己的兑换机制。2 号的兑换是拿一元换五角，换到最后总是觉得自己很吃亏。其实 2 号有的时候可以得到一些东西，不用换的。学会付出的时候你可以表达你自己的需要，我们每个人都可以表达的，只是保持好这个界限。当你愿意去表达你的需要的时候，你可以去表达，还有就是坦然接受别人的支持和帮助。人际互动的方式，是需要人与人之间彼此有一些贡献的。所以大家看到没有，其实我们一出生就已经得到了许多恩惠，我举个最简单的例子，我们一出生就是个人，这是一个多么令人欣喜的消息啊。在我们人生里面当你能够去感激别人的时候，那是多么荣幸的事啊。

1. 案例

案例 1：

我觉得别人一定需要我。我很习惯在别人有需要的时候，去帮他们的忙！比如同事在工作上遇到困难，哪怕我的工作还没干，我也一定先去帮助他。我这个人太感性，5·12 汶川地震的时候，我每天看电视都陪着流泪，我觉得最痛苦的是那些失去亲人的人们，我也决定要去那里帮助他们，后来因为单位的事情没人能接替没能成行，到现在我都觉得很遗憾！

案例 2：

家人的幸福与和谐是我最在意的。逢年过节我都会买很多的礼物，有爸爸妈妈的、哥哥姐姐的、弟弟妹妹的，甚至侄女、外甥的，人人有。只要有我在，我就会帮大家做很多事情，让家里的氛围其乐融融！有时候带大家出门旅游，所有的环节我都安排好了！可是时间久了，大家习以为常还不买账，我就不开心了！苦点累点都没关系，可是我的付出没人领情我就会很有情绪！

2. 2 号的工作态度

人际导向，喜欢温暖的工作环境，利他，慷慨服务别人。

3. 2 号常出现的情绪感受：外溢的乐趣

常常是很高兴的，精力充沛的，很关心别人，也好多管闲事，情绪常随着环境发生喜、怒、哀、乐的变化。很感性，很热情，常常觉得别人无能、可怜或太懒，所以喜欢日行一善，其实是日行多善。

4. 2 号常掉入的陷阱：帮助别人

2 号有个假想，觉得自己只有满足别人的需要，别人才会喜欢自己。为了让自己有用，2 号发挥了最大的潜能，以自我牺牲的方式，忘掉自己的需要，无限度地提供爱和友情给别人。

5. 2 号心灵按钮

想说服 2 号很容易，只要用感性的方式来阐释问题就可以了。要想让 2 号为你做事，你只要说现在你需要他的帮助就够了！

6. 激励 2 号的要点

➢ 让 2 号感觉自己伟大。

➢ 在可能的范围内尽量温暖 2 号的心。

➢ 注重一对一的沟通。

➢ 2 号害怕冲突，向 2 号保证冲突不会影响别人对他的好感。

7. 如何与 2 号达成共识

2 号要面子，让 2 号有台阶下。

8. 2 号常见问题

扮演牺牲者，事事个人化。

解救办法：不让 2 号承担太多责任，帮助 2 号分清事与人。

9. 与 2 号的相处之道

➢ 态度真诚而直接，告诉他们你对他们的欣赏。

➢ 和他们谈他们最感兴趣的题材：人类。

➢ 询问他们的个人感受，令他们感到快乐与正面。

➢ 多点微笑，对他们批评要小心和温和一点。

➢ 接受而不要轻易拒绝他们的帮助，并由衷地表示感谢。

➢ 欣赏他们的付出，提醒他们在你心中的重要性。

➢ 让他们知道应该关心自己，不必过于帮助你。

➢ 切记：他们通常很愿意付出，你要强调他们的重要性！

10. **支持 2 号的方法**

➢ 真心对他们的问题表示关心、关注，不要让他们将焦点转移到您身上。

➢ 请求他们诚实告诉您他们的需要及感觉，而不要讲他们以为您想听的话。

➢ 鼓励他们学会接受别人的帮忙。

➢ 鼓励他们表达自己的恼怒及尝试与人争执。

➢ 鼓励他们跟随自己的个人梦想或创作意念。

如何与 3 号——专注、追求型和谐相处

3 号的人追求不断表现而达至名利双收，在企业中适合做市场销售或公关策划工作。

3 号个性具备强烈的目标感，重视成功，愿意为成功而付出最大的努力，他们追求实用主义，不墨守成规，为了成功可以改变主意，有时候让人觉得不够踏实，行动力比较强，厌恶做事拖拖拉拉的人，十分注重外表形象和衣着打扮，希望自己与众不同，并能受到外界注意，总是设法成为众人的焦点。3 号的优点是胸怀自信，活力充沛，风趣幽默，处事圆滑，积极进取。在缺点方面，3 号显得有点浮夸，言辞不实，虚张声势，工于心计，不择手段，爱冒险，喜欢与别人比较竞争，有时会炫耀自己。

在企业里，3 号比较能活跃气氛，虽然背后被人批评，但其实他们并没有什么大的敌对者。相反，由于他们喜欢插科打诨，而且往往喜欢出点风头，企业搞点文体活动他们又唱又跳，倒也能丰富企业文化。

有他在，工作目标会极早就完成，他们就像一匹黑马，带动整个团队往

前冲，更像鲇鱼，有激励状态。

对于3号，我们谈到感受的部分，大家有没有留意到，目前有很多灵性训练，当我带这样的学员的时候，如果感觉3号很难在灵性课程里面直接找到感受，2号处理是直接用感受感受别人的感觉，3号只感受自己的感受，4号干脆不要去感受。所以对于3号，当我说你去和感受连接，那将是很难的事情，对于3号是赛狗人生，追到最后还没有享受成功的喜悦，眼睛又盯住下一个目标。所以，3号你目前的工作、生活节奏真的是你想要的吗？你的目的是什么？如果你的目的仅仅是为了和老婆孩子生活得更幸福，那么这个目的是很容易实现的。所以有的时候我们把目标和目的都搞在一起，分不清哪个是最重要的。在你的内在建立一个信念，别人对你的爱不仅仅是因为你成功，因为你的外在形象，往往因为你的人就足够了。给别人留一些释放精彩的空间。我曾经在北京和一个电影演员吃饭，所有12个人的目光全在他身上，你知道他怎么做的吗？他在吃饭的时候一直在说你知道吗？我取得这么好的成就，我真的好感谢我的化妆师。可是讲着讲着还是回到他身上，他说各位你知道我能取得成功，是因为这个是我们剧组最棒的服装设计师。你有留意到他在做什么吗？他在给别人留一些空间。所以有的3号一出来就太耀眼了，给别人留一些空间，那是你的胸怀。你是谁比你拥有什么更重要。目前在国内所谓的企业界的成功者，都有一个共同的特质，就是很多人愿意支持他。这一句话就道出所有的秘密。你有多大磁场就会吸引多大面积，你能够吸引一些优秀的人使你更优秀？很多3号都有一副面具的，晚上睡觉的时候想想白天的你喜欢吗？所以我想对3号来讲在我们生命里面有那么多精彩的部分，如果你愿意在这里面去成长，我相信你的吸引力将会更大。

1. 案例

案例1：

我天生是个谈判专家。无论是商业谈判还是在自由市场砍价，只要我认准的目标就一定会达成。有一次我跟客户谈一个项目，虽然客户已经给我们让了很多的利润，我觉得还可以让更多，于是装作面无表情，甚至很失望，没兴趣干下去的样，最后客户急了，以低于市场一半的价格成交了，我心里美极了，可是自始至终都没让他看出我的本意。我觉得长这么大就没有什么事可以难倒我！我非常有野心，我设定要超越的人都是现在社会上最厉害的人！

案例 2：

我最喜欢做明星，梦想有一天可以站在万人体育场里接受嘉奖！说真话，这种感觉的人生能有一次也算没白活！鲜花、掌声越多越好！人越多，我越有劲。我人生所有的努力都是为了成功，想有更多人崇拜我。所以，我不会放过任何一个可以成功的机会。有时候，为了能成功我也违心做一些自己不愿意做的事情，不过那都不重要，都是人生的一个过程，等成功了以后，一切都会烟消云散！留下的都是那些美好的东西！

2. 3 号的工作态度

在工作上喜欢温暖安全的氛围，处理事情都是从人出发，主动接受挑战或竞争。

3. 3 号常出现的情绪感受：自恋

他们最有信心，在他们的字典里，失败只是成功的一部分。他们自我膨胀，爱出风头，喜欢保持兴奋的情绪。他们不怕攀比，因为不比就不能显出他们的能力。他们把自己的事情照顾得很好，对别人的事不太在乎，也不太管。跟人在一起就推销自己、给自己做广告、替自己增加知名度。

他们常常会把一些大人物、名人的名字与自己连在一起，表示自己交游广、有办法。

4. 3 号常掉入的陷阱：功利主义

他们最关心的是自己的名誉、地位、声望与财富，所以是一个目的取向的人，觉得事业成功是人生的第一目的。因此，希望能得到大家的肯定，为了成功，为了声望和财富，有时可能会牺牲情感、婚姻、家庭或朋友，有时候为了效率，也会拿别人做垫脚石，将自己垫高，因为他们的价值标准就是事业成功。

5. 3 号心灵按钮

想说服 3 号很容易，只要向他们表明你这样做将帮助他们取得更好的结果就可以了。想要 3 号更多工作，只要多给他们一些赞美就够了！

6. 激励3号的要点

➢ 帮助3号移开障碍物，使他看到前途一片光明。

➢ 支持他快速采取行动。

➢ 给予3号支持及奖励，使他感觉被有才干的人所领导。

➢ 帮助3号积极运用竞争精神。

7. 如何与3号达成共识

无论利益分配怎样，都要让3号觉得占了上风。

8. 3号常见问题

贬低别人，自抬身价；什么都要争第一。

解救办法：教育3号学会互相尊重；集中注意力于重要目标。

9. 与3号的相处之道

➢ 嘉许他们的成就和成功的地方。

➢ 不要过多批评，因为他们会因此变得虚伪或全面放弃。

➢ 让他们知道你支持他们得到更好的结果。

➢ 配合他们的速度，加速自己的步伐。

➢ 激将法会令他们更卖力表现。

➢ 告诉他们怎样可以达到目标，而非如何不能。

➢ 给他们诚实和客观的回应，对他们的感觉要小心处理。

➢ 不要过多关注他们的失败，避免提起他们过去的错误。

➢ 切记：他们通常很有成效，你要包容他们的自我表现！

10. 支持3号的方法

➢ 或许“3”在工作上有很多成就，但也不妨直接鼓励和问及他们在私人关系上的进展，并提醒他们想要些什么。

➢ 支持他们与人建立良好友谊。

➢ 鼓励他们慢下来及轻松一下。

➢ 鼓励他们为自己的信念而努力。

➢ 鼓励他们珍惜自己已有的内在世界。

➢ 对他们的感觉表示兴趣。

如何与 4 号——浪漫、情绪型和谐相处

4 号的人追求不断创新直至达到天下无双，在企业管理中适合做策划或者研发设计工作。

4 号的人往往喜欢表现得天马行空，追求独特和浪漫，崇尚我行我素的生活方式，他们容易情绪化，爱讲事物消极的一面，容易忧郁嫉妒，觉得别人不了解自己，鄙视肤浅的人和事，喜欢探索万事万物所蕴藏的深层次意义，在个人生活及工作上都设法寻找方式去表达创意，他们具有良好的审美眼光，有独特品位。

世界上大凡具有艺术成就的人很多都是 4 号。他们想创造独一无二，与众不同的艺术品，所以不停地自我探索、自我反省，以及潜心研究。

而在企业里，4 号常常沉醉于自己想象的世界里，有时执著于自己的想法而不接受上司的意见。这一点令同事觉得他们固执己见，难以相处，更让上司觉得是难以管理的“刺头”。

如果能清晰辨别出你企业里的 4 号，知道他们天性中不喜欢枯燥无味、单调无奇的工作，喜欢变化和创新的工作，那么就将他们放到企划部门或者设计部门去吧。说不定他们创造的业绩会令你惊叹！

4 号只要保持好心情会有不断的精彩释放出来。

4 号会让自己生命的目标和焦点清晰一些！很多 4 号是看书、看电影、谈恋爱找感觉，这本身没有对错，你可不可以让你的目标和焦点清晰一些，而不是凭感觉。还有就是给你的自信找一个支点。大家了解什么是自信吗？真正的自信是对自己完全的了解并完全接纳。问题是你了解自己多少？你内在能不能接纳自己？当你内在接纳你自己的时候，你就不需要去外界寻找证明。如果你非常接纳你自己，你非常相信你自己，这个自信就来的非常直接。还有就是自我封闭，这是 4 号经常玩的一个游戏。还有空虚、孤独，这都是 4 号的习惯。习惯形成是不可能改变的，但是我们可以形成一个习惯去替代另外一个习惯。关注他人的感受，用心爱别人。

1. **案例**

案例1：

我特别喜欢心理学，也喜欢成熟的男人，我现在虽然是28岁，可是我根本不喜欢那些跟我同龄的男孩，因为他们根本没什么社会阅历，也解决不了我心里的问题。我一生就是想寻找到一个我真心相爱的、能懂我的、能让我依靠又不会约束我的男人，可是这么多年我都没找到，甚至有时候我会想，也许我想要的白马王子这个世界上就没有，注定要独身一人！

案例2：

我内心的情感变化特别快，可以用“一日四季”来形容。有时候自己都搞不清楚自己的感受。我容易被痛苦和悲伤的事情所吸引，有一个朋友关系也一般，之前我都没想接近他，不过最近听说他非常不如意，我却有冲动要去看他！我的朋友不多，好像都是我们圈子里那些境遇比较差的，和他们交往我好像也背负了他们身上的痛苦，有种痛并快乐着的感觉！

2. **4号的工作态度**

喜欢不被束缚，自由自在地工作。工作效率不高。

3. **4号常出现的情绪感受：孤傲**

喜欢自由浪漫的4号，不屑也不愿意遵守社会规范。他们宁可躲起来，独自欣赏自己的冰清玉洁，也不会与他们认为庸俗无聊虚伪的人交往。他们对人际关系理解的偏差，只会使他们更加封闭自我，性情更加孤傲。

4. **4号常掉入的陷阱：嫉妒**

他们是完全的感情至上型，一旦拥有可以依恋的亲密关系，他们便会施展浑身解数，在关系中取得主动权。只有取得主动权，他们才会有安全感。他们一定要取得配偶一心一意、全心全意的爱，不能允许感情的游离，所以伴侣的任何风吹草动，他们都了如指掌。他们在感情上有非常的直觉能力，能一眼就看出伴侣是否有了其他的亲密关系。一旦对方承认有了外遇，他们宁为玉碎，不为瓦全。在社会中，他们也有嫉妒他人成功的倾向。

5. 4号心灵按钮

想说服4号很容易，只要向他们表明你这样做将帮助他们得到更独特而有创意的结果就可以了。想要4号更好地工作，只要说他们的工作富有创意而又独特就够了！

6. 激励4号的要点

➢ 鼓励4号有创意地达到工作目标。

➢ 珍惜4号独特的风格；欣赏4号的美感及品位。

➢ 4号有很强的直觉能力和分析能力，鼓励他们善加利用。

7. 如何与4号达成共识

表示尊重，慷慨付出，称赞4号。

8. 4号常见问题

游魂，做白日梦，做独行侠，歇斯底里。

解救办法：清晰目标及限期，定时检查，永不被卷入4号的情感生活。

9. 与4号的相处之道

➢ 欣赏他们的创意，观察能力和有深度的情感。

➢ 称赞他们富有创意和独特的贡献，而非称赞他们的成果。

➢ 让他们感觉到你的支持和在乎他们。

➢ 接受和认同他们的感觉和情绪。

➢ 发挥他们的自我风格，体谅他们的感受。

➢ 不要做具有侵略性的大声叫喊、粗鲁动作。

➢ 只在他们明确表示需要时帮助他们，不要主动做。

➢ 不要去干扰他们的情绪、环境以及私人空间。

➢ 切记：他们通常很敏感，你要包容他们的过度情绪化！

10. 支持4号的方法

➢ 令他们感到安全。

➢ 当他们在玩“拉/推”游戏时，自己要保持清晰立场及不被动摇。诚实告诉对方自己的感觉，有需要时找辅导帮忙。

➢ 明白他们需要独立及自主权。

➢ 鼓励他们活在当下，利用写作、艺术、音乐或舞蹈去表达自己的创意。将自己的创作公之于世。

➢ 鼓励他们找一份有意义的工作，可充分运用他们的慈悲心。

如何与5号——探究、木讷型和谐相处

5号会不断学习而达到睿智渊博，在企业适合做管理和研究工作，现在有最新的职位叫首席知识官就是专门为5号人设置的。

现在的企业都追求建立学习型组织，与合作伙伴建立学习型伙伴关系。当今社会，人们普遍浮躁，大家都想快速成功，企业可以迅速发展，而5号却能静下心来，通过追求知识，探索真理而找到人生真谛。

5号喜欢思考分析，他们对物质生活要求不高，追求形而上的精髓生活，并不友善或者说愿意表达自己的内心感受；由于不善于表达自己的内心感受以及不断追求知识和思索探究，结果外化出温文尔雅的气质，表现出来的个性是沉默内向，理性稳重，冷漠疏离。对于5号的人，性急的人认为他们木讷迟钝，活泼的人认为他们欠缺活力，精明的人笑话他们过于迂腐，只有同类人才欣赏他们大智若愚。

企业总有这么一些人，他们常常冷眼相看，很多时候扮演保守派角色，总是批评冒失激进的做法，要求反复论证，三思而后行。这个群体很可能就是5号。5号的人常常观察身边人或事，却很少参与，他们往往充当“君子动口不动手”的绍兴师爷，你让他讲理论，可以一套套的来，可以让他们撩起袖子实干，他们不干了，原因是有的不能干，有的不屑干，认为他的特长是动脑子。动手的事情都是没脑子的粗人干的。

一个企业优秀的领导者可以从5号人士中去培养，让他们经历企业的三个境界，能理论联系实际，既善于思考又能行动实干，这样才能够为企业做出正确决策，真正成为企业的优秀人才。

工作中5号个性的人与3号个性的人搭配最出效率。

5号比较有思想，所以我们的建议也没有太多，只有两条。和人群在一起会有怎样的不同？有体验才有感受，有感受才有改变。很多时候我们被习惯控制是因为我们有许多选择能力，我们只能被习惯牵着鼻子走。因为我们还没有能量去对抗习惯。关注自己的感受并与他人沟通。5号和别人沟通内心的

感受难度非常大。通过体验才能找到答案，我在这里不是公布一个标准。

1. 案例

案例 1：

我家里最多的就是书，我认为书里面有取之不尽用之不竭的财富。我也喜欢各种高深的理论。有个美国 5 号作家写的《魔鬼经济学》，里面有讨论为什么美国 20 世纪 90 年代犯罪率降低的例子。关于这个问题，许多人研究了很多领域都不能找到答案，有的说美国经济发展了所以犯罪率下降了，也有人说是警察人数增加了，还有人说人口素质提高了……其实都不是，而是 20 世纪 70 年代美国取消了禁止堕胎的法律，少出生了一代有犯罪倾向的儿童！我认为有这种分析能力的人，才算有智慧。

案例 2：

我对物质生活要求很低，只要能维持生存和思考就可以了；我也不太善于搞人际关系，人多时大家一起吃饭我宁愿待在一个角落，或者一个人吃完就先走了。我思考的时候不喜欢别人打扰，对突然闯入者非常反感，即便是跟我工作上有密切联系的人，我也喜欢用发邮件的方式联络，或者顶多打个电话，没有特别重要的事情我不愿意跟他见面，因为见一个人是件既浪费时间又麻烦的事情。

2. 5 号的工作态度

理想的鼓动者，想的比做的棒，善于设计长期性的企业策划。

3. 5 号常出现的情绪感受：逃避

逃离他们早年没有从父母或长辈处得到稳定的感情，失望之余，开始害怕。为了求生存，他们避免有太多的情绪感受，也害怕对人深情，以免使自己成为情感的奴隶。所以他们逃避人际关系，逃避介入情感太深，就算对自己的亲人也是如此。他们将自己推入心灵及求知的世界里，用无穷的乐趣转移自己内在的空虚，守住智慧，忘掉情绪。

4. 5 号常掉入的陷阱：闭关自守

5 号的人觉得这个世界充满变数、无法掌握、处处充满威胁，所以他们选择不参与这个现实世界，而躲在自己的安全密室中，通过积累知识的方式，慢慢窥探外界。他们希望获得更多知识，以阐释发生在身上的每一件事情，以及将其作为面对环境和威胁时自我防卫的武器。结果，他们离理论知识很近，离人却很远。他们逐渐退缩在了自己的世界里，和人接触时显得力不从心。

5. 5号心灵按钮

想说服5号很容易，只要说明你的想法提供了有助于他们作决定的信息就可以了。想要5号更好地工作，只要说现在这个事情的信息还不够做出决策就够了!

6. 5号的激励要点

➢ 赞赏5号的学识及分析能力。

➢ 允许5号在采取行动前做出详尽观察。

➢ 协助5号成为业内的专家。

➢ 给5号足够的空间及时间自我伸展。

➢ 让5号明白他们冷冰冰的态度对人的影响。

7. 如何与5号达成共识

准备充分的数据，做出理性的讨论，让5号有足够时间思考。

8. 5号常见问题

独行侠，神秘人。

解救办法：允许5号做独行侠，让5号看到他对小组的独特贡献及小组对他的支持。

9. 与5号的相处之道

➢ 尊重他们的界限，给他们单独的空间去作决定。

➢ 确定你的表达方式是一种邀请，而非要求。

➢ 以直接而实际的态度赞美他们。

➢ 不要质疑他们的能力，欣赏他们的智能。

➢ 不要干扰他们的环境空间及思想空间。

➢ 对他们的想法采用开放的思想。

➢ 与他们交流采用合逻辑的事实来支持观点。

➢ 鼓励他们多做这一刻和现在的活动。

➢ 切记：他们通常很有智能，你要包容他们的优越感!

10. 支持 5 号的方法

➢ 若要有一些新事物发生或有所改变，给“5”充分的时间去适应这个变化。

➢ 鼓励“5”多做出行动。

➢ 恳请“5”去分享自己的内心世界。

➢ 提醒他们要去接受别人的需要及情绪。

➢ 鼓励他们“曝光”。

➢ 将“想”的事变成“做”的事。

➢ 鼓励“5”接受突发事情，去冒险、去跳出、去成就自己的梦。

如何与 6 号——质疑、忠诚型和谐相处

6 号的人追求永远追随直至达到忠诚，适合在企业担任助理或者秘书工作。

6 号的人做事小心谨慎，不轻易相信别人，多疑多虑，喜欢群体生活，为别人尽心尽力的做事，不喜欢受人重视，安于现状，不喜欢转换新环境，忠实可靠，相信权威，跟随权威的领导行事，团队意识很强，需要亲密感，需要被喜爱，被接纳并得到安全保障。

6 号会是一个很好的员工，因为他们做事做人都很忠心尽责，是一位忠诚的政策执行者。他们很需要安全感，作决定采取行动前，需要对事情有透彻的了解，而且要预先做好计划定好策略，不喜欢工作中有含糊或未知的因素，事事要求清晰，哪怕是听到赞美的话，也要问清楚对方赞美的理由。6 号的人都比较悲观，也比较容易选择逃避去对待困难和挑战。由于害怕作错决定，所以当面对抉择时，大都显得犹豫不决，左右为难。基于他们对公司忠心耿耿，防范意识强，6 号善于建立系统，设立防范机制，堵住公司的制度漏洞。

小范围内的事务他可做的非常好，勤勤恳恳，有板有眼，所以适合做副总。

6号最重要的是他的行动力，还有关于责任。他和压力联系在一起。责任和爱都是关于我愿意。对于6号还有一点就是欣赏自己。世界上没有一种伤害比不欣赏自己来得更快。要学会欣赏自己。抛弃没有答案的担心和顾虑。

1. 案例

案例1：

如果工作中有明确的指示和标准，我就很喜欢去干；而一旦工作流程模糊不清，我就会停下来！其实，我也很怕做错，因为做错了我就怕别人不认可我的能力而抛弃我，所以当我没有明确对错的标准时，不做是最好的选择，反正至少不会错！

案例2：

我结婚很晚，我是家里面兄弟中最小的，哥哥都结婚了，父母对我很好，我真怕找个老婆会有很多自己应付不了的事情。另外，承担一个家庭的责任，我觉得自己还没有准备好。我每天都会想很多的事情，经常处在矛盾当中！也经常感觉没有什么安全感，总是想一旦发生了这种事情怎么办？发生了那个事情怎么办？预设的问题都是些可能发生的危机、危险的事情，不过，很多事情最后都没发生过！

2. 6号的工作态度

热衷于一项工作或任务，并与人合作无间。

3. 6号常出现的情绪感受：焦虑

焦虑忠诚型的人需要有目标让他们表示自己的忠诚，他们不喜欢自己的软弱，也讨厌自己不够自立自强，但事实上轮到他们一定要自己拿主意时，害怕自己不能胜任的心情所带来的焦虑和不安全感却整个湮没了他们，结果真的错误百出，所以为了避免焦虑，他们急着寻找权威。

4. 6号常掉入的陷阱：安全感

他们知道自己焦虑，也知道自己焦虑时，一切事情都做不好。如果有人引导自己，他们的心情就会安心平稳，而权威是使他们有安全感的来源，所以为了事情能够进展顺利，他们执著于寻找权威。

5. 6号心灵按钮

想说服6号很容易，只要向他们表明你这样做会更细致，更安全，考虑得更周到就可以了。想要6号更好地工作，只要说他们的工作还需要再细致些就够了!

6. 激励6号的要点

➢ 以身作则、真诚、一贯运作。

➢ 主动指出可能发生的问题去赢取6号对你的信任。

➢ 被6号质问时要保持友善的态度，帮助他找到答案。

7. 如何与6号达成共识

6号对人性充满疑惑，视达成共识为被占便宜，所以必须先赢取他的信任及尊重他。

8. 6号常见问题

推卸责任，“以框框人”。

解救办法：清楚的职权分配。

9. 与6号的相处之道

➢ 欣赏他们的忠诚，才智及克服危机的能力。

➢ 鼓励他们看好的一面，不要停留在问题中。

➢ 不要批评他们的恐惧，不要给予压力。

➢ 要有耐性，用心聆听，让他们讲出他的疑虑。

➢ 沟通不要拐弯抹角，要开放，诚实，取得他们的信任。

➢ 用你的乐观去感染他们，再一次肯定你和他的关系。

➢ 作出令他们轻松的决定，解除他们的担心。

➢ 当他们盛怒时，不要正面冲突，事后再处理。

10. 支持6号的方法

➢ 鼓励他们多做运动，可防止及减少忧虑及压力。

➢ 鼓励“6”不要单想，去多做合适的行动。

➢ 令他们明白任何行动总有一定的风险。

➢ 帮助他们把焦点留心于将要发生的“好”事而不是“坏”事上。

➢ 提醒他们相信自己的决定及有信心面对未来将发生的一切。

如何与7号——活跃、善变型和谐相处

7号不断追求快乐而达到幸福。他们的座右铭是最终要的是开心。他们适合在企业担任销售工作。

说实话，看到7号个性，我想世界上大多数人巴不得自己是7号，你看7号天性乐观，追求新鲜感，赶时髦，比较喜欢承受压力，不断追求新鲜刺激的人生体验，自娱自乐，渴望每天都过着香车丽人美食美酒的生活。他们总是不断地寻找快乐，体验快乐，躲避严肃认真的事情，对如何玩乐的事狠下工夫，为了快乐不惜任何代价。

7号的人对企业团队的正向作用有；多才多艺，精力充沛，迷人好动，有创造力和感染力，对团队有推动力，具有激情与鼓动精神，是工作娱乐化的缔造者。但是由于7号游戏人生，喜新厌旧，心神不定，总希望生活有新鲜感，痛恨被约束被控制，不喜欢上司的督促与指示，爱不断换新项目，缺乏坚持做事与深入思考的耐性，没有周详计划，容易冲动行事，想做就做，不计后果！这些对自己和企业都是极度危险的事情。

1号和4号、7号都很难相处，因为他们做事、思维都有很大的差异。组合工作时，注意个性的差异，否则不会发挥最大能动性。

7号首先是想好了再动可不可以？多想想，好多7号是先动，动完再想。所以好多7号特别好道歉。道歉的速度很快，可是他犯错误的速度比道歉的速度更快。还有做事之前先做好准备工作。好多人的婚姻出现问题，就是两个人没有准备好。还有一个就是承诺，有太多的人是说话不算话的，控制是内外同时发生的。还有对身边的人关心。有关心才有关系，我们要尝试关心别人。还有关于目标的，什么叫目标？我们很多人以为有目标，那都不是目标。很多人把打算看成目标。对于一个乞丐来讲一万元都是很多钱，目标不是一个幻想，而是一个看得见的结果。目标就是目标，但千万不要把它和一些打算想法放在一起。耐力和深度对于7号来讲都是非常重要的。

1. 案例

案例 1：

我觉得人生来就是享受快乐的，我天生就特别善于自娱自乐，你说市面上那些娱乐的活动没有我不懂的。说也奇怪，我这人不但会玩，而且精力特别旺盛，有一次我外地来了三个朋友，他们互相不认识，我每天陪一个去玩，喝酒啊！泡吧啊！游长城啊！……连续陪了一周，结果他们当中有两个已经累得受不了，可是我还没事！

案例 2：

我买东西都是觉得好玩才买的，从来都是一冲动就买了，也都没什么实用价值。我家里的收藏品也很多，买回去就从来没有动过它们。我是一个地道的物质主义者，比如说我喜欢吃美食，也喜欢美女，我赚钱的目的就是为了玩。我有钱的时候朋友向我借我很豪爽，可是如果我没钱时他还不还我，我就会打电话骂他一顿。我说完的话回头就忘，别人说我没承诺，我觉得没什么，人活着不要太认真！

2. 7 号的工作态度

注意事情好的一面，制造令人舒服的气氛。

3. 7 号常出现的情绪感受：放任

他们为了使自己快乐，让自己的需要立即满足，会不考虑规范，放任自己，我行我素，认为只要自己喜欢，没有什么不可以。

4. 7 号常掉入的陷阱：理想主义

他们讨厌别人老是提起生、老、病、死，也讨厌别人把他们从美丽的空中楼阁中拉到地面上，只要遇到困难，最好的方法就是不去面对，换个方式再活下去。他们从不相信生活的难题会击倒他们，相信只要争取快乐的空间，所有问题不用担心就会自然解决，所以他们是标准的理想主义者。

5. 7 号心灵按钮

想说服 7 号很容易，只要向他们表明这件事很有意思、很好玩就可以了。想要 7 号更好地工作，只要跟他们说后面的工作更好玩就够了！

6. 激励7号的要点

➢ 拥抱7号的热忱及乐观态度。

➢ 人际沟通令7号振奋，留给7号与人接触的机会。

➢ 尊重7号，与7号平起平坐。

7. 如何与7号达成共识

措辞精确，白纸黑字，尽量减少可被利用的漏洞。

8. 7号常见问题

玩世不恭。

解救办法：以共同订立之目标为依据督促7号。

9. 与7号的相处之道

➢ 欣赏他们的乐观，对新事物的热衷和远大的理想。

➢ 不要给予指示，使用中性字词建议做事的方法。

➢ 轻松愉快地与他们交谈，多说些开心的字眼。

➢ 与他们相处要乐观和现实，不要太闷了。

➢ 不要限制他们的自由或选择过分消极。

➢ 与他们的狂热和精力进行比赛。

➢ 鼓励他们完成一件事再去做另一件事。

➢ 对他们的批评要持温和态度，容忍他们的反复。

➢ 切记：他们通常很有趣，你要包容他们的随意和任性！

10. 支持7号的方法

➢ 提醒他们接受自己其他“负面”的感觉，特别是面对自己心底的恐惧，而不用“忙碌”作借口去逃避。

➢ 鼓励他们有固定的运动习惯。

➢ 帮助他们坚持及表达内心的反应。

➢ 鼓励他们体验所有情绪：欢乐与痛苦，快乐与哀愁。

➢ 提示他们在“不断寻求快乐”时，其实可能是他们的一种逃避模式。

➢ 令他们明白若焦点只放在欢笑，他们可能失去人生重要的大部分。

➢ 学习专注地做及完成一件事，再开始做新的一件事。

如何与 8 号——控制、强权型和谐相处

8 号的人追求不断掌控而达到满足。适合于在企业担任管理职位。

有人统计过，大部分企业老板和管理者都是 8 号。他们是这样一群人，绝对自信，不靠他人，追求权力，要决策权，喜欢干大事，不怕困难和挑战，最好困难越多越好。一碰到问题马上解决，不采取回避态度。极具攻击性，很容易以自我为中心，轻视懦弱行为，但会保护弱者，有不满意就表达出来，遇到压迫就要反抗。爱发号施令，喜欢掌控影响别人，说话铿锵有力，主观武断，会报复爱争论，靠坚强意志来掌控自己和别人。

在企业中，8 号员工往往清楚自己的目标，并努力达到目标。由于相信自己和不愿意被人控制，他们会自告奋勇跳出来带头带领大家。他们处事很有原则性，不易妥协，喜欢直截了当的沟通，讨厌拐弯抹角的表达方式，愿意追随真正比自己强的人。8 号迷信直觉，经常凭直觉作出决定。喜欢敢说敢当，最瞧不起只说不练的人。对同事慷慨大方而且愿意提供帮助。8 号普遍争强好胜，又喜欢说教，总令周围有压迫感，人缘不会太好。极早放手会令 8 号有自己的发展空间。

8 号要学会放权，放权不是弃权，还有就是关于欣赏和嘉许。欣赏和自己有关，当你欣赏别人的时候不是因为别人拥有什么，更何况这个世界上每个人都有值得欣赏的部分。不相信你前后左右看一下！我们每个人在各自的领域都有非常精彩的部分。你愿意看到你可以看到。还有就是认同，我们很多人喜欢说你错了。当我们愿意去认同很多事情的时候，是因为我们可以看到这个事情背后还有很多很多的事情，而不是只看事情的结果就和所有人的判断去判断。我们可以很中立地去判断事情的发生。还有关于注意聆听的，关于感受他人的感受。这一点不仅仅是对于 8 号，对于我们每个人都是一种美德，一种能力，一种风格。

1. 案例

案例 1：

“路见不平一声吼，该出手时就出手。”这种情况一般在 8 号身上发

生得比较多。有一个担任人力资源的总监8号。有一次她去机场准备出差，在机场大厅外面遇到一个外国人与出租车司机在争执。因为她英语不错，所以没过几分钟就弄清了吵架的原因———出租车司机载外国人来机场的时候绕了圈子，以至于车费超高了。于是，这位人力总监开始教育司机，不该这样不诚实地载客，说这样载客有损咱们中国的形象。说着说着，司机也承认了错误。而正在这个时候，来了一位警察。警察在听过完整的事情介绍后，说要惩罚司机，于是让外国人不给司机钱。谁料，此时这位8号人力总监反过来帮着司机说话，并把警察教训了一顿："你这人怎么这样啊！人家好歹也是通过自己的劳动挣的钱啊，这钱来得容易吗？你说不给就不给啊！这坐车肯定要给钱的啊！至少应该把该收的钱收了！"一转眼，这时间过了不少。等事情处理完，她的飞机也差点飞走了。这就是可爱的、充满正义的8号。

案例2：

一般我在街上见到小偷的时候，我会给警察或巡警打电话。但很多8号在看到这种情况的时候，都不会这么静静地处理。我们公司王老师的一个朋友，外表看起来是一个非常瘦小的女子。也许就因为她的瘦小，在一次上街的时候就被小偷盯上了。在人行天桥小偷下了手，谁料被这个小女子发现了。还没待小偷反应过来，只听"啪"的一声，小偷脸上顿时多了5个指头印子。小偷捂着脸张大嘴巴，不知道接下来该怎么做。这个女生还准备追打小偷，结果小偷吱溜一下就跑掉了。后来测试发现，这个女生是一个典型的8号个性。

还有一个8号的朋友。在他刚来深圳的时候，有一次，他坐公交车去应聘，谁料在公交车上手机被偷了。不过，他很清楚偷自己手机的人就在上一站刚下车。于是，他马上下车向回跑，并很幸运（对小偷来说肯定不幸运）地看到了小偷。"把手机给我！"他看到小偷的第一句话就是这样的。小偷当然不承认了啊，于是他说："不给是吧！行，反正我刚来深圳找工作，什么都还没有，今天我就跟你打，你要怎么打都奉陪！"小偷见势不妙，只能投降，最终把手机还给了他。

8号还有一个特点，就是开会的时候，说话的声音会越来越大，越来越响亮，让外边工作或路过的人误以为有人吵架。

2. 8 号的工作态度

敢于挑战艰难任务。

3. 8 号常出现的情绪感受：傲慢

由于他们敢做敢当，成功的机会也多，所以常会以为自己强壮无敌。如此随心所欲，无所控制下去，会变为自以为是的自大狂，然后瞧不起别人。

4. 8 号常掉入的陷阱：公正

人必须为自己的行为负责，做错事必须负行为后果，所以他们有严格的正义标准，精力常用于检举不义之事，打抱不平，“该出手时就出手”。因为坚信自己是正义的，因此面对威胁或不公平时充满力量。

5. 8 号心灵按钮

想说服 8 号很容易，只要让他们感觉到是他们在控制局面就可以了。要想让 8 号为你做事，你只要说现在你需要他的保护就够了！

6. 激励 8 号的要点

➢ 8 号要求公正、被尊重、直接沟通。

➢ 8 号替自己争取权益，也会替自己的下属争取权益。

➢ 8 号需要拥有自己的地盘或王国。

➢ 8 号认定目标后会竭尽所能，全情投入。

7. 如何与 8 号达成共识

立场坚定，不要期望 8 号妥协，讲真话。

8. 8 号常见问题

霸王，强势欺人。

解救办法：让 8 号知道尊重是一条双向路，让 8 号明白他的强势使人不敢说出真相。

9. 与 8 号的相处之道

➢ 欣赏他们的力量，自力更生和正义感。

➢ 不要取笑他们，否则他们会快速反击。

➢ 如果他们发怒，不要一样反应，否则火上浇油。

➢ 用精确的言辞让他知道你了解他们的观点。

➢ 说出你的主意，不要有所保留或说谎。

➢ 以直接态度与他们相处，千万不要逃避问题。

➢ 不要唯唯诺诺，在他们面前要有自己的立场。

➢ 避免告诉他们什么能做什么不能做。

➢ 切记：他们通常很有正义感，你要包容他们的霸道！

10. **支持 8 号的方法**

➢ 鼓励他们放弃及要固定去做运动，因为这才是最有效的防止及处理压力的方法。

➢ 提醒他们要听取别人的观点。

➢ 提醒他们大部分人都害怕与人对抗。

➢ 帮助他们轻松地讲出自己的问题，可以对您有真情流露。

➢ 不要直接告诉“8”他们的错处，最有效的方法是用一些鼓励性的口吻跟他们讲。

➢ 让他们知道自己的说话具恐吓性及伤害性。

➢ 提醒“8”的真相并不代表全部的真相。

如何与 9 号——和谐、迟缓型和谐相处

9 号的人追求持久和谐而达到天下太平。适合担任人事、调研工作。

9 号显得优柔寡断，难以取舍和决定，字典里几乎没有不字，不喜欢与人发生冲突与对抗，淡泊名利，希望事物能维持美好的现状。

在企业中 9 号是最受欢迎的，因为他们给大家的第一印象就是听话。他们能与团队和谐相处，善于采取息事宁人的态度，如果同事要造反，他们会说其实老板对我们不错的。他们善于欣赏别人，喜欢看事物好的一面，愿意听从上司安排，对工资待遇加班都无所谓，即便遇到不公正待遇，也会秉持逆来顺受的心态。然而 9 号的人在企业获得竞争能力和竞争性上是很弱的。由于没有自己的立场，这个也行，那个也行，结果目标性一点也不强。聚焦精神太差，会延误很多事情，加上做事主次不分，作风拖拉，不到最后一分

钟不愿意面对。对上司很多不合理的安排和处置不能反抗，结果勉为其难，自己难受，上司不满，绩效不佳。这些都会影响 9 号朋友事业的发展。

首先对于 9 号，我们第一个建议是你可以体验一下从人群里面站出来。爸爸妈妈从小就希望我们出人头地，没有人可以埋没你，也没有人有资格可以埋没你，但有一个人可以埋没你，就是自己。这是我们的选择。对于 9 号来讲可以加强行动力。如果你的同事或下属员工有一个 9 号，有两个方式对他非常有效：第一个方式就是挑战，永远相信他是这个世界上唯一可以打破世界纪录的，你还可以激励他，我相信你，所有人都相信，你相信不相信？可以用目标计划让他拥有动力。这对 9 号来讲太重要了。所以 9 号容易给到你计划目标结果的力量来自责任。可不可以问问自己，除了为自己的小家负一份责任，你还可以做些什么？我们曾经组织 9 号去养老院，他们回来之后都默默地：原来世界上还有这样的人？所以你可以想象你的方法去激励他，让他获得更多的欲望和动力。第二个方式是积极面对冲突，很多 9 号是不太喜欢冲突的，但是团队里面有一些冲突是有价值的。比如有的时候我们为了探讨某一个问题，他们吵起来，但是那些冲突是有价值的。

1. 案例

案例 1：

> 我做事喜欢拖拉。我认为所有的问题都是有时间性的，你不愿意去解决，时间一过就不用解决了。我很有耐心，对家人和朋友都很和蔼，也愿意帮助他们做一些力所能及的小事。而如果是我力所不能及的，我也不会完全拒绝，我会含蓄地表达我的意见。

案例 2：

> 我从来就没什么敌人，也肯妥协。在单位从不参与办公室政治，谁红了紫了我都不羡慕，我认为“多一事不如少一事”。想要的太多，就会把自己搞得疲于奔命。所以我走的是平和路线，很少跟别人说出我的目标，我认为放下更多的欲望就可以安安稳稳、心平气和。

2. 9 号的工作态度

认同他人、亲近他人。

3. 9号常出现的情绪感受：平和

由于宽大、不记仇，所以情绪常保持自然、平稳、温暖及支持别人，常逃避不好的感受。除非别人真的太过分，否则是不容易有太多感受的。

4. 9号常掉入的陷阱：自贬

由于他们的生活期许都不是自己订的，而是依循文化、传统、风俗、习惯、他人去适应，所以他们不重视自己内心的需求，也不寻求发展自我。他们不觉得自己有独特性，只是平凡人而已。

5. 9号心灵按钮

想说服9号很容易，只要你表示坚持你的观点就可以了。想要9号更好地工作，只要把工作任务明确提出来就够了！

6. 激励9号的要点

➢ 权威人士支持。

➢ 让9号意识到自己的需求。

➢ 帮助9号明白人际冲突是达到互相了解的必需步骤。

➢ 不要对9号表示不耐烦。

7. 如何与9号达成共识

帮助9号找到自己的需求及立场，改掉随风摆柳的陋习。

8. 9号常见问题

轻言放弃。

解救办法：锁紧目标，贴身辅导。

9. 与9号的相处之道

➢ 欣赏他们的仁慈，温和和耐性。

➢ 欣赏他们做到的而不是把焦点放在做不到的事情。

➢ 当他们精神恍惚时，不要急着要答案。

➢ 用发问去帮助他们集中精神。

➢ 鼓励他们把自己内心的不满表达出来。

➢ 创造一个有趣的空间，让他们考虑并决定。

➢ 注意他们的积极性，不要给予压力。

➢ 以亲近态度相处，防止他们把你的请求看做指责。

➢ 切记：他们通常都很友善，你要包容他们的散漫！

10. 支持 9 号的方法

➢ 成为一个好的聆听者，因为 9 需要别人听他们的意见。

➢ 鼓励他们把内心的不满表达出来。

➢ 温和地鼓励他们定下目标及把事情按轻重缓急而安排处理。

➢ 正因为他们害怕被人拒绝，所以不愿直接讲“不”，提醒他们您是不会因为他的不同意见而离开他。

➢ 鼓励他讲出自己的感受及兴趣，而不用事事同意别人的感受及想法。

➢ 帮助他们找出自己想做的事，多问些澄清的问题，多给他们选择。

➢ 给他们一个支持的环境，可以让他们体验及表达内心的恼怒。

附录1　初学九种个性者常见疑问解答

1. 世界上那么多人，只分成九类是否能够全部涵盖？

九种个性，顾名思义，就是把人分成九类。你可能要问，能分类吗？干吗分类？事实上，你的疑问，不但是我当初的疑问，也是我当年第一次接触这套系统时的疑问。

首先，能分类吗？一样米养百样人，真的有固定的几种类型，然后一个萝卜一个坑、每个人都被塞到其中一种类型里去吗？听起来好像工厂装配线上的产品一样。关于这一点，我也没办法三言两语就能说服人；事实上，言语、理智上的说服也没太大意义。如果你有兴趣，熟悉这套系统，利用它来审视自己、了解别人，渐渐地、渐渐地……你也许会如同我一般，发觉手上握有一份很有用的地图。

其次，干吗分类？不管这些，还不是照样活得好好的？话是没错啦！其实我们在生活上，本来就会遇到各式各样的学习机会，今天你看到的九种个性，也不过是其中之一。也许你没太大兴趣，跳过去就算了；也许你抱着一种好奇的心态看一看，不久之后就淡忘了；也许它带给你很大的影响，成为你内在的一部分。对我而言，它很有用……非常实用，就好像一份制作精确的地图、一份人性的地图。靠自己慢慢摸索，我们当然也能对人性逐渐了解，但也许是在付出很大的代价之后或者是走得跌跌撞撞。而且我相信，我从九种个性学得的大部分东西，是不能靠我自己独立发现的。不过，我无法预期九种个性会带给你什么样的收获或改变。水是冷的还是热的？喝了才知道……

虽然人的基本个性形态是不会改变的，但是某一型的典型描述，却不见得全然符合某一个人，原因正是上面说过的：人们为了顺应成长环境、社会文化，他们在安定或压力的情况下，有可能出现一些差异。而必须强调的是：每一个人的成长环境都是独一无二的，所以同类型人之间可能有许多共同点，但却也各自拥有一些属于自己最特殊的特质。

2. 我好像哪种都有，为什么不能拥有多于一种的个性类型？

其实，你本来就全部拥有这九种个性，如果学了九种个性后你发现哪种都有，说明你还没有真正了解九种个性，但这也是正常的。你和我都拥有九种个性类型的元素，但是只有其中一种是你或我的主要个性类型，我们所属的主要个性类型，支配着我们的思想和行为反应，我们在个别的简单行为上，会表现出各种个性的形态，例如我们可以表现出有野心、开心、愤怒、惧怕和勤奋，如果我们仔细观察，可以发现每个人的行为特质，是有别于我们所属的主要个性类型的。1 号个性类型人士的幽默感，是有别于 2 号、3 号和 4 号个性类型的人士。我们会发现所有个性类型的人士对工作态度是不同的。我们须全面分析每个人的态度、情感和动机，便会清楚发现我们的主要个性型号是惯常地主宰着我们生活的形态。

人格被分为九种，你必然属于其中一型。而这个型就是你的基本人格形态。一个人的基本人格类型是不会变的，即使在现实生活中，因为某些因素，而有了种种变化，但即使你的基本人格形态可能有某部分的隐藏或是调整，却不会真正改变。

3. 学习九种个性的根本作用是什么？

九种个性在帮助个人增进自我认识时极为有用，它犹如一面镜子显露出不为你所知的个性特点，我们的日常生活均依我们内在的个性特质惯性模式运作，在正常情况下，我们的生活正常，如当我们的日常生活出现变化，如压力增加，我们惯常的应付方式便会出现问题和失效；九种个性可帮助我们明白惯常生活的模式，我们的行为和行为背后的原因，以及惯常生活模式对自己和别人的影响。我们精确地了解自己的个性特质，便可以洞察我们的行为，而作出适当的调校，当我们自我省觉的能力提升，便可避免作出负面和潜在危机的行为。

当个性的结构重新回复平衡状态，九种个性理论可帮助我们认清自己所属个性特质，并迈向更高的灵性及心理素质。九种个性理论最终可帮助我们认清我们个性深层的本体，将我们与大自然联结起来，从而活出真我，使我们能与自己、亲友、社会、世界和谐相处，获得自由与快乐。

4. 九种个性到底是谁发明的？

九种个性的原作者是谁，已无从考究，就像是中国的《易经》，原作者是谁已无人知晓。九种个性相传起源于2000多年前的中东阿拉伯地区的苏菲民族。当时，族长为了有效管制族人，发现了九型个性。当时的九型个性没有文字记载，一直以口相传，而且是一代单传，作为族长管制人的核心秘密武器而牢牢地掌握在统治者手中。2000多年后，不知道是经过什么渠道什么途径，九型个性慢慢辗转流传到了民间。

20世纪80年代，有两位重要的人物，他们是美国著名学府斯坦福大学（Stanford University）的心理学系教授Helen Palmer和David Dine，他们通过研讨会，工作坊，报告及讲座等各种形式，传播和推广九型个性。80年代初期，正值美国进入知识经济社会，美国的企业关于对人的管理方面不断遇到困扰和危机。

九型个性也正是在这样的历史背景下走入美国企业管理的殿堂，也成为美国一些著名学府工商管理课程（MBA）中的一个必修科目。九种个性这个简单、易学、实用有效的工具帮助企业领导决策，帮助企业管理者建设和带领团队，帮助企业的人力资源部门正确地选人，用人，育人和留人，帮助职业经理人突破个性局限，越过事业高原，帮助人们改善人际关系，创建和谐社会等。到20世纪80年代后期及90年代中期，九型个性已风靡全球工商界。九种个性传播到中国，还是最近几年才刚刚开始。

5. 九种个性凭什么那么广泛地受欢迎?

九种个性提供了一个真实，具有深度而又层次分明的地图去了解自己。九种个性带领我们研究行为背后的出发点，也就是行为的动机和注意力的焦点，当你知道我们身边重要的个性背后都有对世界的不同看法和体验，当你知晓他们的出发点时，便可以有更多的包容，互相的谅解及设身处地。

九种个性提供了一个多种有效的，而又即时可以验证的方法去协助你达成个人成长，而这些方法亦可广泛运用在商业教育，培训，家庭职业经理人的事业发展，以及人际关系方面。

九种个性的其中一个重点是唤醒自我认知，自我学习的能力，当这种能力成为你的习惯后，你便踏上了知己知彼的第一步。

九种个性有能力协助你全面提升自己；认识九种个性可以帮助你了解自己的局限，创造一个和谐完美的人生。

学习九种个性最终可以协助你发现自己个性的优势，学习善用这些优势，创造理想价值，九种个性令你找到“我是谁”的终极答案。

从此，你不再受个性的困扰和控制完全掌握你的人生。起来吧，不愿被个性奴役的人们！

6. 九种个性能否预测什么型号人之间相处比较融洽？

九种个性学说没有预测什么型号的人之间的相处是较佳，和谐的人际关系是不能够透过演绎九种个性图和学说可以得知，我们不可借着个性型号是否在同一组别或三联关系（Triad of Enneagram）抑或它在九种个性之图之左或右边及对面来预测型号之间是否可以较相容。某些型号个性的人士可与另外一些个性型号人士和谐的相处。

无论如何，透过深入理解每一型号个性结构和特质，可帮助我们认识各型号个性的限制和成长的挣扎及认识两个型号之间的相处，一般会出现的问题。例如九种个性学说可帮助我们认识 8 号个性的人士，特别追求在人群中的自主和独立，而 2 号，则特别看重人与人之间的亲密关系。若我们认识各型号的个性的健康形态，便可了解各个性的强弱点及在成长路之各种冲突和挣扎。

7. 学习九种个性能提高公司业绩吗？

这绝对是可以的，最近在某一间公司出现了。

在我参与改善这一家公司前，员工间很多抱怨、投诉，经常想着再那样下去就会辞职不干，工作间弥漫着问题，在那里工作一定不会快乐！

幸好那公司老板相信我，并让我引进九种个性到工作间，两个月已经将公司脱胎换骨。

我没有建议炒掉任何一个员工，只是告诉他们九种个性的重要性，着紧他们要留心学习我的九种个性课堂，为他们逐一判断型号，解释给那老板知道每个员工的核心需要，让他知道他自己与每个同事沟通上的盲点，让他明白跟不同型号的同事沟通都有不同要注意的地方。

例如，那老板经常紧张需要接待人客的员工表现，因此他每次见一位 3 号员工稍一出错，便立即出面当众纠正。要知道对 3 号来说，那是最难堪的事情之一，在那个情况下，3 号怎会喜欢听老板的指令。况且 3 号往往有他的一套方法来完成自己的任务，出错了他还是有他的方法纠正，最终还是可以将客人的心拉回来。如今那老板每步紧盯，结果只会造成埋怨，严重影响双方沟通。而我的做法只是告诉那老板去忙其他事情，放弃专注细微的运作，让那员工自由地完成任务，结果老板也放心多了。其他员工都是如是般作出相类似处理，结果大家的关系随即改善！

同事间同样因大家不同的情绪表现，出现言语间的误会及小冲突，影响了大家工作心情。自从大家理解了九种个性的盲点，多了包容大家的不同情绪反应，误会冲突亦因此而减少，大家多了笑容。工作间变得快乐和谐，就是这样简单！

8. 我并不属于九类的其中一种，有可能吗？

没有可能！九种个性这套学问已有最少几百年，甚至几千年历史。凡不被历史所淘汰的学问，经得起时间考验，一定有它的可信性及实用性。故此，你必然是九种性格的一种。首先，不要以为你没有完全符合九种个性所提及的九种性格其中一项性格而否定它。事实上，当你耐心地（或找专家）发现你属于那一个型号后，你会惊讶地发现它能如此准确地知道你的人生观。

9. 有人以前说我是2号，现在有人说我是6号，我是否性格变了？

九种个性告诉我们人的型号不会改变，你于不同人生阶段可能有不同的行为特征，而令你以为你于不同时期属于不同型号。例如，在孩童时期，父母亲或保姆对你将来性格影响最大；到了求学时期，原来近身的朋辈和自己认同的老师亦开始影响你的行为。从出生至青少年期，你的性格逐渐定型，有些倾向容易受别人影响，而另外一些则较执著，有自己的见解。形成前者行为较为飘忽，难以捉摸，而后者则行为模式较少变化。

首先，行为的特征源自于性格使然，但不同性格的人也会出现相似或相同的行为模式，但背后的动机可能不一样。举个例子，2号、4号、6号及9号的朋友都有可能较其他型号的特别喜欢帮助别人，然而，帮助别人这个表面行为容易从外观察得到，但2号、4号、6号及9号较“喜欢”帮助别人的动机便较难从外观察得到。其他型号也可能给你见到他们帮助别人，但他们内心感觉不同，背后动机也会不同。如3号或8号帮人的目的可能分别是要达成自己某些目的及表明自己作为领袖的能力。所以喜欢帮助别人并不代表他一定是某一个型号。

行为会改变，长大后的性格则不容易改变，内心的本质及核心需要所衍生的价值观不会改变。

10. 我工作上是成功型，朋友间我是爱心型，究竟我是哪一种？

这就要看你的核心需要了。其他学者所说的成功型，亦即3号，其核心需要是成功；而其他学者所说的爱心型，亦即2号，其核心需要是别人的爱。你在工作上跟生活上的行为表现不一样，导致你以为自己既是2号，又是3号。但当你（或找专家）发现你属于那一个型号后，了解了自己行为背后的动机后，你便会确信自己的确拥有某一型号的核心需要。

11. 我想训练我的儿子成为8号，可以吗？

如果你的儿子天生不是8号，你如何训练他，他也不会成为8号！但是，你仍然可以积极鼓励他，把他培育成一个拥有当机立断及领导才能（亦即8号较常见的表面行为特质）的年轻人。

12. 同一型号的人，没有一点儿相似，可能吗？

同一型号的人，就是拥有同一核心需要的人。如经过一些九种个性的训练，会看得出他们的共同特征，因为那些特征都源自于同一个核心需要。而你看到的一些表面行为不尽相同，只是源自一些较表面的因素如工作，例如其中一人是警察，另一人消防员，当然他们的工作职责就不尽相同，尽管可能他们都同样是6号，倾向尽责谨慎，严守规矩等。天下之大，人口众多，我经常这样说，中国人口13亿，单是例如6号就超过1个亿，上至一国之元首，下至死囚都有可能同为6号，他们当然表面上绝不相似，但他们偏偏拥有相同的核心需要，就是安全感，那便是神奇奥妙的地方，非常值得大家虚心研究学习。

13. 如何面对反对九种个性情绪的人？

同一个型号相反行为。两个同型号的人走在一起，对我来说，会看见很多相似的地方。换成是一般不理解甚至抗拒九种个性的人，他们可能会说，他们都很相似，都有眼耳口鼻！间接说出他们没有什么相同的地方，更可能认为九种个性不合理地将人勉强分类，是不恰当的！

同一型号的人，就是拥有同一核心需要。如经过一些九种个性的训练，会看得出他们的共同特征，因为那些特征都是源自于同一个核心需要。

有人会说，明明他们一个经常迟到，另一个则守时，你怎会说他们是同一个型号？很多人说了出来，也没有给我们解释的机会便离开了，便可惜地认为九种个性又是什么骗人的玩意，直接侮辱了我及一班应用九种个性朋友的人格！

同一个型号会偏向迟到，而另一些则偏向守时，甚至早到，以9号最明显！不是他们在这方面有双重性格，而是这个倾向可以用核心需要来解释。所有9号的唯一共通点，就是非常渴望心境平和，有些9号行为上很被动、很“漏气”就是这个原因，甚至对时间观念不着紧，因为一旦着紧，便会影响内心的平和！那是部分9号的想法；而另外有些9号，同样非常渴望心境平和，但经验告诉他们，因不着紧时间而迟到，在匆忙的关头赴约，心里因赶急尽量不想迟到而变得很不平和，因此，每每会特别准时，务求避免不必要的赶急，以保持心境平和。

面对不同的反九种个性情绪，我可没有生气，只会继续沉着作战，希望有朝一日，更多人能学会九种个性，认同它是个既简单又有威力的人性工具、学问。这个抗战可能会很漫长，怎可能因为一两个反对的眼神便感到气馁呢！你有兴趣加入抗战吗？

附录2　九种个性实用工具

工具一：九种个性分析思路工具

表1　　　　九种个性分析思路工具

九种个性的核心内容	九种个性分析思路	4W 模式
1. 各类型的划分及特点	1. 人的个性有几类 2. 各类型有什么特点	发生了什么事（What）
2. 各类型的家庭环境	3. 为什么会有不同的个性	这事为什么会发生（Why）
3. 各类型的发展环境	4. 各类型在未来什么环境下更适合发展	未来如何发展（What）
4. 各类型的人生建议	5. 不同个性的人如何提升自己	应如何决策（Which）

工具二：九种个性关系图

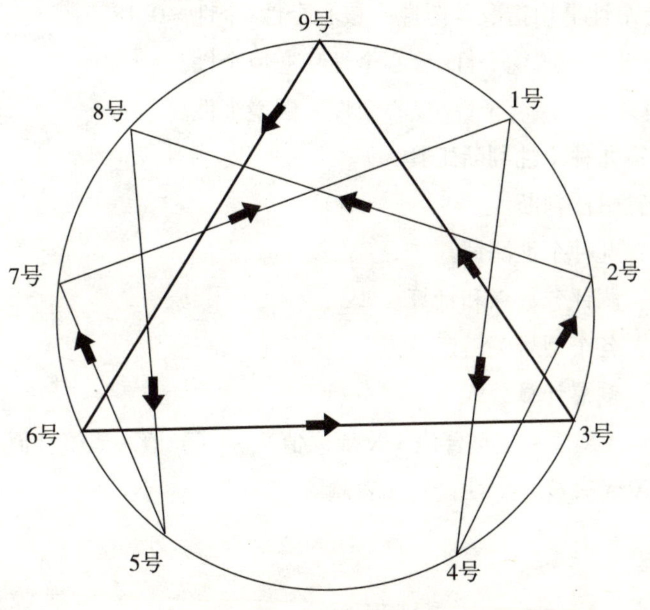

图1　九种个性关系图

工具三：九种个性结构图

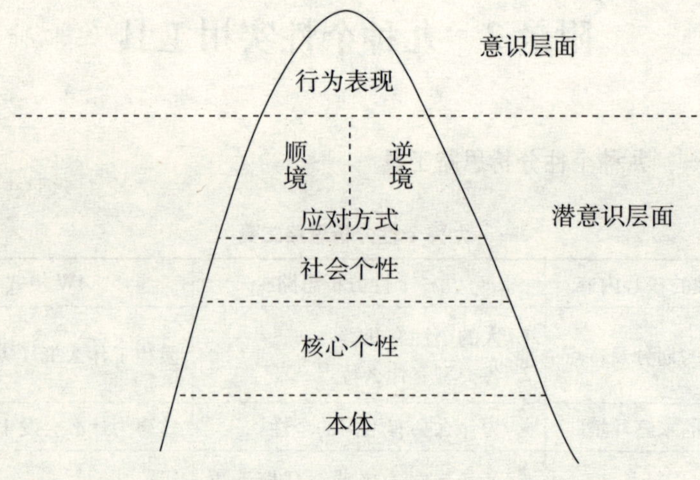

图2　九种个性结构图

工具四：社会个性指数

个性＝核心个性＋社会个性

➢ 社会个性与核心个性的比例符合20：80原则。

➢ 社会个性平均指数＝个性－核心个性/个性＝0.18。

➢ 顺境系数＝顺境个性/核心个性＋逆境个性。

➢ 逆境系数＝逆境个性/核心个性＋顺境个性。

工具五：九种个性判断工具

第一步：感性判断。

第二步：九种个性测评。

第三步：测评分数求和计算。

第四步：各个型号关键区分点。

工具六：侧翼计算公式

XPY综合值＝（X值＋X整合值＋X疏离值）＋（Y值＋Y整合值＋Y疏离值）

其中：X代表核心个性，Y代表侧翼。

工具七：九种个性提升模型

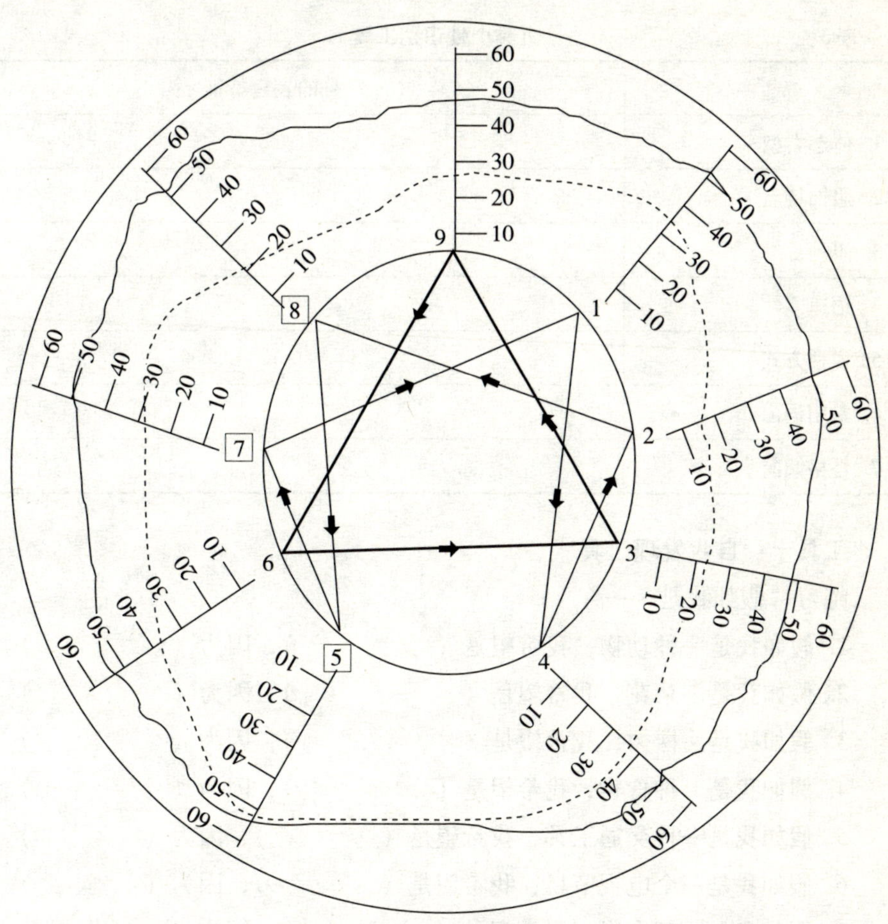

图 3　九种个性提升模型

工具八：九种个性自我发现工具

表 2　九种个性自我发现工具

型号	核心特质词	个性盲点词
顺境时的表现		
逆境时的表现		
童年经历		

工具九：九种个性识别工具

表3 九种个性识别工具

	（ ）号的表现特征
1. 体态类型	
2. 服饰特点	
3. 眼神	
4. 语速	
5. 说话方式	
6. 常用词汇	
7. 性格倾向	

工具十：自我发现工具

练习“假如我是……”

1. 假如我是一种动物，我希望是（ ），因为（ ）。
2. 假如我是一朵花，我希望是（ ），因为（ ）。
3. 假如我是一棵树，我希望是（ ），因为（ ）。
4. 假如我是一种食物，我希望是（ ），因为（ ）。
5. 假如我是一种交通工具，我希望是（ ），因为（ ）。
6. 假如我是一个电视节目，我希望是（ ），因为（ ）。
7. 假如我是一部电影，我希望是（ ），因为（ ）。
8. 假如我是一种乐器，我希望是（ ），因为（ ）。
9. 假如我是一种颜色，我希望是（ ），因为（ ）。

工具十一：九种个性交会点工具

表4 九种个性交会点工具

个性类型	整合	疏离	侧翼1	侧翼2	个性交会点
1	7	4	2	9	1、2、4
2	4	8	1	3	

工具十二：团队个性搭配组合工具

表5 团队个性搭配组合工具

个性类型	个性组合类型
1号（内化）	3号（中心）、7号（外化）；6号（中心）、2号（外化）；7号（整合）
2号（外化）	6号（中心）、1号（内化）；9号（中心）、4号（内化）；4号（整合）
3号（中心）	5号（内化）、8号（外化）；1号（内化）、7号（外化）；6号（整合）
4号（内化）	6号（中心）、8号（外化）；9号（中心）、7号（外化）；1号（整合）
5号（内化）	3号（中心）、8号（外化）；9号（中心）、2号（外化）；8号（整合）
6号（中心）	4号（内化）、8号（外化）；1号（内化）、2号（外化）；9号（整合）
7号（外化）	9号（中心）、4号（内化）；3号（中心）、1号（内化）；5号（整合）
8号（外化）	6号（中心）、4号（内化）；3号（中心）、5号（内化）；2号（整合）
9号（中心）	4号（内化）、7号（外化）；5号（内化）、2号（外化）；3号（整合）

工具十三：团队成员个性组合先后顺序

表6 团队成员个性组合先后顺序

顺序型号	第1位	第2位	第3位	第4位	第5位
1号	7号	2号	3号	6号	
2号	4号	1号	6号	9号	
3号	6号	5号	7号	8号	1号
4号	1号	6号	7号	8号	9号
5号	8号	9号	2号	3号	
6号	9号	8号	1号	2号	4号
7号	5号	9号	3号	4号	
8号	2号	9号	3号	4号	
9号	3号	2号	4号	5号	7号

工具十四：团队角色与个性对应关系

表7 团队角色与个性对应关系

团队角色类型	九种个性					
	最佳匹配个性类型	第2位	第3位	第4位	第5位	第6位
完美者（CF）	1号	4号	2号	3号	6号	
信息者（RI）	2号	8号	1号	6号	9号	
实干者（CW）	3号	9号	5号	7号	8号	1号
创新者（PL）	4号	2号	6号	7号	8号	9号
专家（SP）	5号	7号	9号	2号	3号	
监督者（ME）	6号	3号	8号	1号	2号	4号
协调者（CO）	7号	1号	9号	2号	3号	
推进者（SH）	8号	5号	9号	3号	4号	
凝聚者（TW）	9号	6号	2号	4号	5号	7号

工具十五：皱纹与九种个性对应关系

表8 皱纹与九种个性对应关系

皱纹部位	皱纹形状	对应情绪	个性类型	个性潜在情绪
额头纹	不连贯，呈波浪状	心绪不宁，抑郁	4号	嫉妒
	呈现一道深沟	喜欢寻求刺激	7号	快乐
	有三条明显笔直的皱纹	自恋	3号	自恋
	皱纹从中间断裂开	个性反复无常，比较极端	4号	嫉妒
眉间纹	一根纵纹	愤怒	8号	愤怒
	一根以上纵纹	焦虑	6号	忧虑
眼部	放射纹	焦躁不安	6号	忧虑
	鱼尾纹	开心	7号	快乐
鼻梁	横纹	冥思苦想	5号	思考
嘴部	嘴上面鼻子下面有皱纹	厌恶、刻薄	1号	憎厌
	嘴角出现皱纹	懒惰、无精打采和委靡不振	9号	懒惰
	嘴角有小皱纹	傲慢	2号	骄傲

工具十六：三大中心与人际关系组合

表9　　三大中心与人际关系组合

三大中心 / 人际关系	思维中心（6号、7号、5号）	情感中心（2号、3号、4号）	本能中心（1号、8号、9号）
顺从组（6号、2号、1号）	6号	2号	1号
对抗组（7号、3号、8号）	7号	3号	8号
抽离组（5号、4号、9号）	5号	4号	9号

后　记

管理学研究认为，管理工作中的70%是沟通与协调。而管理中出现的障碍，70%是由于沟通不畅所引起的问题、矛盾、不协调。从这个意义上讲，无论是东方管理还是西方管理，协调与沟通都占有非常重要的地位和作用。

所谓沟通，是指人与人之间传达思想，转移信息的过程；是一个人获得他人思想、感情、见解、价值观的一种途径：是人与人之间交往的一座桥梁，通过这个桥梁人们可以分享彼此的感情和知识，消除误会，增进了解。

所谓协调，是指相关人员运用自己的权力，威信以及各种方法、技巧，使运转活动中的各种资源、各种关系、各种层次、各个环节、各个因素整合起来，进而行动一致，形成组织活力，社会合力，实现组织目标，取得组织绩效的管理过程。

就沟通与协调能力而言，一般包含五个方面的内容：一是有全局观念、民主作风和协作意识；二是语言文字表达条理清晰，用语流畅，重点突出；三是尊重他人，善于团结和自己意见不同的人一道工作；四是坚持原则性与灵活性相结合，营造宽松、和谐的工作氛围；五是能够建立和运用工作联系网络，有效运用各种沟通方式。

人们在日常生活学习和工作中发现，沟通与协调谈起来容易，做起来难。有没有更加行之有效的方法或者是更加有效的角度呢？有没有可以更具体地将沟通协调能力所涉及的五个方面的内容更直观地体现的工具呢？答案是肯定的。“九种个性”便是帮助人们实现高效沟通的方法和工具。

九种个性在沟通与协调中的工具性、可行性和实用性之所以十分明显，是源于九种个性是以人的个性为研究对象，而人的意识、行为无不与人的个性密切相关。在一定意义上说，把握住了人的个性，也就把握住了人的脉络。

沟通无处不在，把握个性，实现高效沟通。

作 者

2012 年 11 月于北京牡丹园